Frants Buhl

Geschichte der Edomiter

Frants Buhl

Geschichte der Edomiter

ISBN/EAN: 9783743661325

Hergestellt in Europa, USA, Kanada, Australien, Japan

Cover: Foto ©Lupo / pixelio.de

Weitere Bücher finden Sie auf **www.hansebooks.com**

GESCHICHTE DER EDOMITER.

VON

D. FRANTS BUHL,

PROFESSOR DER THEOLOGIE A. D. UNIVERSITÄT LEIPZIG.

SEPARAT-AUSGABE

AUS DEM

REFORMATIONSPROGRAMM DER UNIVERSITÄT LEIPZIG 1893.

LEIPZIG,

DRUCK UND VERLAG VON ALEXANDER EDELMANN.

UNIVERSITÄTS-BUCHHÄNDLER U. UNIVERSITÄTS-BUCHDRUCKER.

Während die Vergleichung zwischen der israelitischen Religion und den übrigen semitischen Religionen, wie sie jetzt durch die Hülfe der sich immer mehr ausdehnenden und vertiefenden Untersuchungen der Geschichte der orientalischen Völker geführt werden kann, eine Reihe von Berührungspunkten und Aehnlichkeiten zwischen beiden aufweist, ist andererseits Nichts so geeignet, die bis zu den Anfängen des Volkslebens zurückreichende Eigenart des Volkes der Offenbarung zu beleuchten als eine vergleichende Betrachtung der mit Israel am nächsten verwandten Völker, die von Anfang an unter denselben Bedingungen lebten und doch in ihrer Entwickelung so unendlich weit hinter ihm zurückgeblieben sind. Unter diesen Verwandten stand nach dem Alten Testamente selbst kein Volk Israel so nahe wie „sein Bruder“ Edom, und so darf es sich wohl von einem mehr als rein geschichtlichen Standpunkte aus rechtfertigen, wenn es auf den folgenden Blättern versucht wird, die allerdings spärlichen Nachrichten von diesem Volke zusammenzustellen und ein Bild seines Characters und seines Lebens zu geben. Der Versuch wird sich wohl auch deswegen lohnen, weil solche Darstellungen nur in geringer Zahl vorliegen[1]), und ausserdem die letzteren Jahre geographisches und geschichtliches Material zu Tage gefördert haben, das früher nicht benutzt werden konnte.

Da die Nachrichten immer noch viel zu spärlich und lückenhaft sind, um eine wirklich genetische Darstellung zu geben, empfiehlt es sich, zuerst ein allgemeines Bild des edomitischen Volkes in den Zeiten vor

[1]) Ausser den Artikeln „Edom“ und „Idumäa“ in den bekannten Realwörterbüchern und Encyclopädien findet sich eine Skizze „Die Kinder Edom nach der heiligen Schrift“ von O. Meisner in der Zeitschr. f. d. gesammte luth. Theol. und Kirche XXIII 1862, 201—48.

dem Exile, und dann erst eine fortschreitende geschichtliche Darstellung zu geben. Jenem ersten Abschnitte schicken wir eine geographische Beschreibung des von den Edomitern bewohnten Landes voraus, so weit die bisherigen Reiseberichte eine solche erlauben.

Die merkwürdige, tiefe Senkung, durch welche der Jordan in seinem viel gewundenen Bette dem Todten Meere zueilt, von den Arabern *El-ġôr* genannt, setzt sich südlich vom See weiter fort bis zur Nordspitze des Meerbusens von *'Aḳaba,* östlich von der sinaitischen Halbinsel. Die grösste Tiefe erreicht dieser gewaltige Erdspalt im Becken des Todten Meeres, dessen Wasserfläche 394 m unter dem Spiegel des Mittelmeeres liegt, während der Seeboden an der tiefsten Stelle sich 793 m darunter befindet. Wie die Niederung nördlich vom See sich allmählich gegen Süden senkt, so erhebt sie sich wieder südlich davon bis zu einem Punkte etwas südlich von *W. Mûsâ,* wo man sich schon 240 m über dem Spiegel des Mittelmeeres befindet; von diesem Punkte ab, der Wasserscheide dieses Theiles der Niederung, senkt der Boden sich wieder bis zur Nordspitze des *'Aḳaba*-Busens — eine Terrainbildung, die, beiläufig bemerkt, jeden Gedanken an eine frühere Fortsetzung des Jordans bis zum Rothen Meere ausschliesst. Der südliche Theil des Spaltes zwischen dem Busen von *'Aḳaba* und dem Todten Meere hat eine Länge von ungefähr 160 Kilometern. Er heisst jetzt *El-'araba,* welchen Namen in den alten Zeiten die Niederung in ihrer ganzen Ausdehnung trug. Doch gilt diese Benennung nur bis zu einer Hügelreihe ungefähr 3 Stunden südlich vom See; hier beginnt *El-ġôr,* das den ganzen übrigen Theil der Niederung bis zum See Gennesareth umfasst.

Die *'Araba* ist an beiden Seiten von zwei sich von Norden nach Süden erstreckenden Gebirgen umfasst, von welchen das östliche seinen westlichen Nachbar an Höhe und characteristischen Eigenschaften bei weitem übertrifft. Auf dieses Gebirge, das die Ostwand der *'Araba* bildet, haben wir zunächst unsere Aufmerksamkeit zu richten.

Seiner Form nach ist es ein langes, schmales[1]) Bergland, an dessen

---

[1]) Robinson, Palästina III 102: die ganze Breite des bergigen Landes zwischen der *'Araba* und d. östlichen Wüste oben übersteigt nicht 15—20 englische geographische Meilen.

Ostseite sich die unübersehbare syrische Wüste ausdehnt. Gegen Norden kann man das tief eingeschnittene *Wadi el-aḥsa*, das auch in alten Zeiten die Grenze zwischen Edom und Moab bildete, als natürlichen Abschluss betrachten. Gegen Süden bildet eine plötzliche Senkung des Gebirges die Grenze nach Arabien hin [1]. Während dieses Gebirge, von der *'Araba* aus betrachtet, einen malerischen und imponirenden Eindruck macht [2], bietet es für den Betrachter, der sich auf der Hochebene der östlichen Wüste befindet, nur das Bild einer niedrigen Hügelreihe. Die Wüstenebene hat nämlich selbst eine beträchtliche Höhe, welche von den Höhenpunkten des Gebirges nur um ein Weniges übertroffen wird. Dieser Höhenunterschied macht sich auch auf eigenthümliche Weise geltend für den, der auf einem freien Gipfel des Berglandes seinen Blick nach Westen und Osten richtet [3].

Dieses Gebirge trägt jetzt den Namen *Ğebel-eš-šarâh*, eine Benennung, die auch bei den arabischen Schriftstellern des Mittelalters vorkommt [4]. Doch umfasst dieser Name im engeren Sinne nur den südlichen Theil des Gebirges, während der nördliche Theil den Namen *Ğibâl* (d. i. die Berge) führt. Die Grenze zwischen beiden Districten scheint indessen nicht ganz sicher festzustehen [5]. Der südöstlichste Theil trägt den Namen *Ğebel ḥismâ* nach der Landschaft *El-ḥismâ* im nordwestlichsten Arabien.

[1]) Doughty, Travels in Arabia deserta I 46: „the new day lightening I saw a coast before us, which is here the edge of J. Sherra", 51 „We approached at noon the edge of the high limestone platform of J. Sherra." Burckhardt, Reisen in Syrien, herausgeg. v. Gesenius, 723: „Die östliche Hochebene endet südlich, nahe bey Akaba, an der syrischen Pilgerstrasse, mit einem steilen felsigen Abhange, an dessen Fusse die Wüste Nedsched anfängt. Derselbe Abhang oder dieselbe Klippe zieht sich westlich nach Akaba zu, an der ägyptischen Pilgerstrasse, wo er etwa 8 Stunden nördlich vom rothen Meere sich an den Berg Hesma (eine Verlängerung des Schera) anschliesst."

[2]) De Luynes, Voyage d'exploration à la mer morte I 254: nous distinguions la belle et pittoresque chaîne du pays d'Édom, avec ses premiers gradins dressés entre la plaine et les hautes montagnes comme une sorte de rideau déchiré et noirâtre. C'etait un paysage aussi beau qu'original. Vgl. die Abbildungen bei Hull, Mount Seir 80. 97.

[3]) Laborde, Journey trough Arabia Petraea, Lond. 1836. 202.

[4]) Z. B. Beladsori, ed. de Goeje S. 189; Mukaddasi, Ztschr. d. deutsch. Pal. Ver. VII 147. 215. 223.

[5]) Burckhardt 688 giebt das *Wadi el-ġuwêr* als Grenze zwischen beiden Landschaften an, aber Robinson III 103 hörte bisweilen das südlicher von diesem Wadi liegende *Šôbak* zum *Ğibâl* gerechnet werden; ebenso Palmer, Wüstenwanderung 334. — Die Unterscheidung zwischen den beiden Bezirken findet sich schon bei arabischen Geographen s. ZDPV IV 87. VI 2. 5. VIII 123.

Auch geologisch betrachtet bildet dieses Gebirge im Vergleich mit den Umgebungen eine Einheit. Es besteht aus Porphyrfelsen, über welchen sich die berühmten, in reicher Farbenpracht und phantastischen Formen spielenden Sandsteinberge erheben. An der Ostseite, der Wüste entlang, sind Kalksteinberge gelagert. Ebenso bilden Kalksteinberge, aber mit thonartigen Felsen wechselnd, die Vorstufe zwischen dem Gebirge und der *'Araba*[1]).

Diese verschiedenen Schichten bedingen zugleich die Höhenverhältnisse des Gebirges, das sich gegen Osten immer höher aufthürmt. Die Kalkstein- und Thonberge, welche die Ostwand der *'Araba* bilden, sind noch niedrig. Darüber erhebt sich die Kette der rothen Sandsteinberge, die im Berge *Hor*, welcher die Aussicht von der *'Araba* aus beherrscht, eine Höhe von 1329 m erreicht. Dahinter steigen die noch höheren Rücken der östlichen Kalksteinberge empor. Zugleich aber erhebt sich das bergige Terrain mit der dahinter liegenden Wüste allmählich nach Süden, und hier, im südlichsten Theile, überragen die Sandsteinberge *Ǵebel Ḥismâ* die östlich davon liegenden Kalksteinformationen und bilden so die höchsten Punkte des Gebirges überhaupt[2]). Nach Doughtys Schätzung sind die Berge hier gegen 1800 m hoch, erreichen also fast die Höhe des höchsten Punktes im Haurângebirge, *Tell-el-ǵênâ*, der 1802 m hoch ist[3]). Südlich von *Wadi Mûsâ* werden zwei von diesen

---

[1]) Vgl. Robinson III 102. Palmer, Wüstenwanderung 334. Die Porphyrbildungen beginnen an der Nordgrenze des Gebirges und erstrecken sich mit Zwischenräumen bis nach *'Akaba*, wo sie sich auch westlich von der *'Araba* zeigen; Luynes I 251. Den Sandstein, der für *Eš-šarâh* so eigenthümlich ist, trifft man sehr selten nördlich von *W. el-aḥsâ*, Burckhardt 675. Sonst vgl. über die Geologie dieser Gegend den 3. Band des de Luynes'schen Prachtwerkes und Hull, Mount Seir 1885.

[2]) Burckhardt 729: Hesma ist höher als irgend ein Theil von Schera. Doughty I 45: And here upon the granite borders is the beginning of a great sandstone country *el-Hisma* or *Hessma*, which stretches so far into Arabia. 46: The *Hisma* is here a forest of square-built platform mountains which rise to two thousand feet above the plain, the heads may be nearly six thousand feet above sea level.

[3]) Das weiter nördlich an der Ostseite des Gebirges liegende *Šôbak* ist 1350 m, ein Punkt weiter nordöstlich 1468 m (nach de Luynes, Atlas, Voyage de M. Mauss, Pl. 1). Sonst mögen folgende Zahlen zur Vergleichung dienen: die Berge bei Hebron 1027 m, der Oelberg 818 m, *Tell 'asûr* 1011 m, Garizim 868 m. *Ǵebel ǵermak* in Galiläa 1199 m, *Ǵebel ǵil'âd* 1096 m, *Kerak* 1026 m.

parallelen, nach Süden laufenden Gebirgsrücken durch eine tiefe, schwindelerregende Schlucht getrennt, wie aus den unten S. 9 zu erwähnenden Berichten Labordes und Burckhardts hervorgeht.

In seiner ganzen Länge wird der westliche Theil des Gebirges von einer Reihe nach Westen laufender und in die *'Araba* ausmündender Wadis durchschnitten. Sie beginnen meistens auf dem westlicheren der oberen Rücken, sodass Laborde auf seiner Wanderung von *W. Mûsâ* nach Süden allmählich an ihren verschiedenen Ursprüngen vorbei kam [1]. Doch dehnen sich einzelne, z. B. das drei Tagereisen lange *Wadi haime*, noch weiter hinauf, so dass es mit seinem Anfange die östliche Wüste berührt [2]. Die Wadis, welche südlich von der obenerwähnten Wasserscheide der *'Araba* münden, sind von Norden nach Süden folgende: das schöne, mit Oleandern bewachsene, von steilen Porphyrwänden eingeschlossene *W. abû kušeibe* — *W. mġain* — *W. abu barka* [3] — das südliche *W. ġarundel* — *W. muêlih* [4] — das schon erwähnte bedeutende *W. haime* — *W. darba* — und endlich das als alter Karavanenweg wichtige *Wadi el-iṯm* [5]. Die nördlich von der Wasserscheide ausmündenden Thalschluchten sind, von Süden nach Norden, folgende: *W. er-rubâ'i* [6] — *W. abjad* [7] — *W. nemele* — das schon erwähnte *W. ġuwêr* — *W. fedân* — das nördliche *W. ġarundel*, welches *W. ḍâne* aufnimmt — *W. ṭafîle* — und endlich das Grenzthal *W. el-aḥsâ*, das hoch oben in der Wüstenebene beginnt und dann unter verschiedenen Namen ein tiefeingeschnittenes Bett durchläuft, um schliesslich an der Südostseite des Todten Meeres seinen Abschluss zu finden.

Will man sich, nachdem man sich im Allgemeinen über die Gestaltung dieses Gebirges orientirt hat, ein eingehenderes Bild von seinen einzelnen Theilen bilden, so bemerkt man bald, dass die Beschreibungen der muthigen Reisenden, die dieses ungastliche Land besucht haben — so

---

[1]) Laborde a. S. 197.

[2]) Luynes I 259.

[3]) Es ist wohl dieses Wadi, das Burckhardt 729 *Wadi dâlaġa* nennt, oder ein Arm davon.

[4]) Bei de Luynes *W. melleh.*

[5]) Es mündet etwas nördlich von *'Aḳaba* ein; vgl. Luynes I 269. Laborde 209 ff. Doughty I 45, der *W. Lithm* schreibt.

[6]) Robinson III 77: durch dieses geht der Weg nach Hebron.

[7]) Luynes I 302.

bewunderungswürdig sie auch sind — doch an vielen Stellen sehr wesentliche Lücken übrig lassen. Z. Th. kann man das Land nur so beschreiben, dass man den Reisenden auf ihren einsamen Wanderungen Schritt für Schritt folgt und das von ihnen Aufgezeichnete wiederholt.

Am besten bekannt ist die nähere Umgebung von *W. Mûsâ*, der alten Stadt *Petra*, deren wunderbare Ruinen die Reisenden herbeigelockt haben. Der gewöhnliche Aufstieg von der *'Araba* nach *Petra* ist das oben erwähnte Thal *Abu kušeibe*. Nachdem man die Porphyrfelsen dieser Schlucht verlassen hat, besteigt man die steilen Kalkfelsen des Passes *Er-rubâ'i*, von dessen oberen Theile man eine Aussicht auf die Sandsteinberge gewinnt. Vor sich hat man den malerischen Berg *Hor* oder *Ǧebel Hârûn*, eine dunkelbraune, cylindrische, mit Felsblöcken bedeckte Sandsteinmasse ohne alle Vegetation [1]). Oben trägt der Gipfel ein kleines, weisses Gebäude, ein muhammedanisches Heiligthum, das in Folge einer alten, aber wie wir später sehen werden, falschen Tradition das Grab Ahrons einschliessen soll. Die prachtvolle Aussicht von der Spitze des Gipfels beschreibt de Luynes mit folgenden Worten: unsere Blicke schweiften über die unbekannten Gipfel des edomitischen Gebirges, über die die *'Araba* beherrschenden steilen Felswände mit ihren von relativ jungen Alluvialbildungen bedeckten Porphyreruptionen und über die im Nebel schwimmende Ebene [2]). Vom Passe *er-rubâ'i* führt der Weg am Südfusse des Berges *Hor* in östlicher und dann in nördlicher Richtung über die „Abdachungen Ahrons" (*suṭûḥ hârûn*) nach der ostnordöstlich vom Berge *Hor* liegenden grossen Thalebene, wo die Ruinen von *Petra* sich befinden. Die Ebene ist von N. nach S. ungefähr 1370 m lang, von O. nach W. im nördlichen Theile 460 m, im südlichen 230 m breit. Gegen Osten und Westen ist sie von senkrechten Felsen eingeschlossen, von denen die östlichsten die höchsten sind. Dagegen erhebt sich das Terrain gegen N. und S. allmählich, so dass hier die Aussicht frei ist [3]). Die das Thal umgebenden Felsen gehören

---

[1]) Luynes I 275. Zeichnungen vom Berge bei Laborde 143. 198. Luynes 279. Hull a. a. O. 85.

[2]) Luynes I 279.

[3]) Robinson III 76: Nach NO. zu zeigt sich das hohe südliche Ende von *Dibdiba*, der auf einem Fusse von weissem Sandstein ruht; und mehr linker Hand die Ebene *Suṭûḥ baiḍâ*. Von dem östlichen Theile der Area des Thales aus erblickt man den Gipfel des *Hor* über der westlichen Klippenreihe in einer Richtung etwa W. gegen S.

alle zu den erwähnten Bildungen des porösen, rothen Sandsteines. Ihre Farbe bietet eine reiche Mannigfaltigkeit von Schattirungen dar, vom dunkelsten Carmoisin bis zum sanftesten Blassroth, zuweilen auch in Orange und Gelb überspielend. Doch zeigt sich dieser, die Betrachter entzückende Farbenreichthum in voller Schönheit nur da, wo der Fels künstlich bearbeitet ist; in seinem natürlichen Zustand hat er im Allgemeinen eine chocoladenbraune Farbe[1]).

Besonders characteristisch für die Felsen, welche dieses Thal umgeben, sind die sogenannten *Sîk*'s, enge, von hohen senkrechten Felsen eingeschlossene Corridors oder Spalten. Sie sind nicht Werke der auswühlenden Thätigkeit des Wassers, sondern durch gewaltige Verwerfungen des Sandsteines entstanden[2]). Der berühmteste unter ihnen ist der mehr als eine englische Meile lange *Sîk*, der die massiven Felsen an der Ostseite der *Petra*-Ebene durchbricht und als Flussbett für *Wadî mûsâ* dient, ehe dieser Bach die Thalebene der Ruinenstadt durchströmt. Er ist an der engsten Stelle nur 12 Fuss breit und bisweilen so von den rothen Sandsteinfelsen überdeckt, dass kein Licht hineindringen kann. Das Wasser des Baches, das in alten Zeiten theils durch einen in den Boden der *Sîk*'s gehauenen Kanal, theils durch hoch oben an den Felswänden angebrachte Röhren geleitet wurde, fliesst jetzt wie es selbst will durch den *Sîk* und bewässert ein Dickicht von prachtvollen Oleandern, während wilde Feigen und Tamarisken, sowie Gewinde von allerlei Schlingpflanzen aus den Seitenwänden hervorwachsen. Durch einen ähnlichen, aber unregelmässigeren *Sîk* in den Felsen westlich von der Thalebene setzt der Bach seinen Weg fort; wo und unter welchem Namen er aber die *'Araba* erreicht, ist noch nicht festgestellt. Ausserdem findet sich noch je ein *Sîk* an der West- und an der Ostseite des Thales[3]).

Der allmählich ansteigende Boden im Norden der Thalebene führt zuletzt zu einem höher gelegenen Plateau *Saṭûḥ baiḍâ*, einem breiten, unebenen Stück Landes, das von Bergen umschlossen sich gegen Nordosten hinstreckt. An der nordwestlichen Ecke ist der Eingang zu einem neuen, nach Nordnordwesten führenden *Sîk*, der den Namen *Sîk Abu 'alda* führt[4])

---

[1]) Robinson III 97. Palmer, Wüstenwanderung 339.

[2]) Luynes I 288.

[3]) Robinson III 59. Palmer, Wüstenwanderung 346.

[4]) Palmer, Wüstenwanderung 353.

und ebenfalls von senkrechten Sandsteinfelsen umschlossen ist. Er ist mit Oleandern, Wachholdern und Eichen bewachsen. Sein Ausgang an der westlichen Seite führt zu einem Plateau, von welchem man über einige Höhenrücken, darunter eine Basaltsteinkette, nach dem Passe *Nemela* gelangt, worüber man in die *'Araba* hinabsteigt. Die Felsen an der Ostseite von *Sutûḥ baiḍâ* bilden einen mit Kräutern bewachsenen Rücken, die nördliche Fortsetzung der Felsen an der Ostseite des *Petra*thales. Auch hier befindet sich ein kleiner *Sîk*, der zu einer breiteren Strasse mit Ruinen von ausgehauenen Gebäuden führt[1]). Auf dem westlichen Abhange dieses Rückens liegt das kleine Dorf *Dibdiba*. Hier beginnt der Kalkstein an die Stelle des rothen Sandsteines zu treten. Weiter östlich läuft ein neuer Bergrücken mit jenem parallel von N. nach S. Er besteht schon ausschliesslich aus hellem Kalkstein. Auf seinem westlichen Abhange liegt in einer Linie östlich von Petra ein kleines Dorf *El-ǵî* mit wenigen Steinhäusern. Zwanzig Minuten oberhalb des Dorfes strömt unter dem Felsen eine reichliche Quelle hervor; es ist der Anfang von *Wadi Mûsâ*. Sein Wasser fliesst zunächst in ein nach Westen laufendes Thal hinab, das schon vom rothen Sandstein umgeben ist und mit einer kleinen Area endigt, an deren Westseite sich der Eingang zum obenerwähnten, berühmten *Sîk* befindet. Im Alterthum war diese Stelle mit einem schönen Thorbogen geschmückt[2]).

Das Gebirge südlich von *Petra* kennen wir nur durch die kurzen Beschreibungen, die Burckhardt, Laborde und Doughty von ihren Wanderungen gegeben haben. Der erstgenannte Reisende ging von *El-ǵî* in südlicher Richtung, zunächst längs der Krümmungen eines langsam aufsteigenden breiten Thales[3]), dessen Höhepunkt er in $2^1/_4$ Stunden erreichte. Der Boden, obgleich voller Kiesel, ist dennoch des Anbaues sehr fähig. Am Ende des Thales finden sich die aus grossen Haufen behauener Kieselblöcke bestehenden Ruinen einer alten Stadt, Namens *Beṭâhî*. Nach $1^1/_4$ Stunde in südsüdwestlicher Richtung kam er zu den Ruinen *'Ain mafraḳ*[4]).

---

[1]) Palmer a. S. 351.

[2]) Robinson III 55—63. Palmer, Wüstenwanderung 341 erwähnt die Ruinen *'Aire* unterhalb *El-ǵî* und S. 349 einen Fort *'Aire,* weiter westlich und höher gelegen; ausserdem eine Ruinenstadt *Bannûra* in der Nähe von *Dibdiba*.

[3]) In Kürze erwähnt von Palmer 340.

[4]) Doughty I 41 schreibt *Mérbrak*.

Von da stieg er einen Berg in die Höhe und ging auf dem oberen Rücken des *Ǧebel šerah* weiter. Rechts hatte er den oben S. 5 erwähnten, furchtbaren Abgrund, auf dessen anderer Seite eine nicht so hohe Sandsteinkette, die Fortsetzung des *Petra*gebirges, sich der *'Araba* entlang hinzog. Nach dreistündigem Marsche nach Süden und ½ Stunde in südöstlicher Richtung traf er die schöne Quelle *Eṣ-ṣâdaḳa* und daneben Ruinen einer alten Stadt. Er befand sich hier schon auf der Ostseite des Gebirges, das sanft in die Hochebene übergeht. Von hier aus erstieg er wieder die östliche Kette und folgte einem absteigenden Wadi bis zur Quelle *Dâlaġa* in einem fruchtbaren Thale, ebenfalls mit Ruinen. Die umgebenden Berge waren gänzlich unfruchtbar; Kalkstein mit einigem Feuerstein vorherrschend. Er verliess das sich mehr nördlich wendende Thal *Dâlaġa,* um weiter südlich zur *Araba* hinabzusteigen, erstieg halbwegs den sehr hohen Berg *Ḳûla* [1]) und stieg mit Gefahr die andere Seite dieses vegetationslosen, aus Kalk- und Sandstein bestehenden Berges hinab. Auf diese Weise gelangte er in das südliche *W. ġarundel* (S. 5), ein schmales Bachbett mit senkrechten Sandsteinwänden und erreichte endlich durch die letzte Vorstufe des Gebirges die Sandhügel der *'Araba* [2]).

Die Route Labordes kreuzte die von Burckhardt an der Quelle *Dâlaġa*, indem er zuerst westlicher und danach östlicher als jener ging. Nachdem er *Petra* verlassen hatte, besuchte er zunächst das eine Stunde südlich davon liegende *W. ṣabra,* wo er zu seinem Erstaunen nicht nur eine neue Gruppe Ruinen fand, sondern auch ein Bassin zu einer Naumachia mit Zuschauerraum — eine merkwürdige Erscheinung mitten in dieser Steinwüste! [3]) Von da ging er weiter nach Süden auf dem westlicheren der beiden grossen Bergrücken. Nachdem er eine durch das Zusammentreffen von mehreren Wadis gebildete Ebene überschritten hatte, begann ein beschwerlicher, zickzackförmiger Aufstieg bis zu einem

---

[1]) Wenn Burckhardt 729 sagt: *Ǧebel Ḳûla* scheint der höchste Gipfel von *Ǧebel šerâh* zu sein, so meint er wohl *Ǧebel šerâh* im Gegensatze zu *Ǧebel hisma* s. oben p. 4.

[2]) Burckhardt 720—731.

[3]) Seine treffende Bemerkung: wäre ich imstande gewesen die ganze Nachbarschaft von *W. mûsâ* zu erforschen, so hätte ich unzweifelhaft mehrere solcher Vororte gefunden, welche die enorme Bevölkerung *Petras* nothwendig machte — ist durch die späteren Berichte der Reisenden vielfach bestätigt worden. — Ueber *W. ṣabra* vgl. auch Visconti, diario di un viaggio in Arabia Petrea 1872. 311. 317.

Gipfel, den er *El-naḳb* nennt, und von wo er eine grossartige Aussicht über das Gebirge hatte. Sein weiterer Gang nach Süden führte an der Westseite des obenerwähnten Abgrundes entlang. Das sich nach Süden immer mehr erhebende Terrain zeigte mehrere Spuren früherer Cultivirung. Auf diese Weise erreichte er die von Burckhardt besuchte Quelle *Dâluja*. Nun aber bog er nach Osten ab und bestieg den höchsten Theil des Gebirges, wo er Spuren eines alten, nach Süden laufenden Weges fand. Zahlreiche Ruinenstädte an den Abhängen des Berges zeigten, wie bevölkert diese Gegend früher gewesen sein muss. Auf diesem Wege kam er an einer Quelle „*Gana*" und dann an der Ruinenstadt *El-ḥamajjima* vorüber, die früher mittels eines grossen Aquaeductes das Wasser aus jener Quelle empfing. Ueberall traf er Cisternen und Wachtgebäude, die dieser alten Strasse wegen angelegt waren. Allmählich begann der Weg abzusteigen und folgte zuletzt dem *W. itm*, einem engen Thale, das zuletzt zur *'Akaba* herabführt[1].

Doughty endlich begab sich von *'Akaba* in nordöstlicher Richtung nach der Hochebene östlich vom Gebirge *šerâh*. Zunächst ging er wenige (englische) Meilen durch die offene *'Araba* nach der Mündung des *W. itm*, das hier von Granitfelsen umgeben ist, und vor welchem eine mehrere hundert Fuss hohe Vorstufe von vulcanischen Formationen gelagert ist. Die Mündung des Wadi ist mit mächtigen Alluvialmassen bedeckt. Hier finden sich die Ueberreste eines alten Dammes, *Es-sid* genannt, dessen Steine mit Mörtel verbunden waren. Nach einer Wanderung von 12 englischen Meilen hinauf in dieses Thal hatte er über sich einen Granitberg *Ǵebel bakr*. 30 Meilen von *'Akaba* erreichte er eine anmuthige Hochebene mit culturfähigem Boden. Am folgenden Morgen passirte er unterhalb des Sandsteinberges *Ǵebel ša'fe* oder „*Shafy*"[2]) eine zertrümmerte Cisterne *Ḳuêre* (*Gueyrîa*) mit Wasserleitung. Hier hört der Granitstein, der sich von der Ostküste des *'Akaba*busens her in das Gebirge *šerâh* hineinstreckt, auf und weicht einer grossen Sandsteingegend (dem oben erwähnten *Ḥismâ*), die sich in Arabien weit hineinzieht. An dieser Stelle besteht *Ḥismâ* aus zahlreichen, würfelförmigen Gipfeln, die eine Höhe von gegen 1800 m. erreichen (s. p. 4). Am folgenden Morgen sah er die steil abfallende

[1]) Laborde 195—213.
[2]) Vgl. Robinson I 287.

Wand des Gebirges gegen die arabische Wüste vor sich. Er verliess nun die Sandsteingegend und bestieg den rauhen Abhang der mit Thon und Feuerstein durchsetzten Kalksteinberge. Etwas weiter oben lagen in einem offenen Thale die umfassenden Ruinen *„el-Bettera“* [1]. Die jetzt vollständig öde Gegend ist in Wirklichkeit fruchtbar und zeigte Spuren früherer Cultivirung. Weiterhin führte der Weg über eine trostlose, mit Feuerstein bedeckte Ebene zu dem schon in der Wüste liegenden *Ma'ân,* von dem weiter unten die Rede sein wird [2].

Wenden wir uns nun zu dem nördlich von *Petra* liegenden Theile des Gebirges, so verdanken wir auch hier dem hochverdienten Burckhardt die erste nähere Beschreibung dieser Gegend. Nachdem er den nördlichen Grenzfluss Edoms, *W. el-aḥsâ,* und eine südlich davon liegende Höhe überschritten hatte, kam er zu einer ausgedehnten und fruchtbaren Ebene mit Ruinen und mehreren Dörfern, darunter eins Namens *El-ḳarr*, und von hier aus in südsüdwestlicher Richtung zu einem, am Fusse hoher Klippen liegenden Dorfe *Aime* mit mehreren Quellen und weiterhin zu *Ṭafîle* am Abhange eines Berges, an dessen Fuss *W. ṭafîle* sich hinzieht. Die Gegend ist hier äusserst fruchtbar. Fünf Stunden südsüdwestlich von *Ṭafîle* liegt ein Dorf *Buṣêre;* am Wege zwischen beiden finden sich mehrere Quellen, die den Anfang von Wadis bilden. Die Dörfer liegen alle auf der Westseite der Berge mit freiem Ausblicke über das *Ġôr*. Südlich von *Buṣêre* führt der Weg bergan, ebenfalls an Quellen vorbei. Die Felsen sind Kalkstein, z. Th. mit Basaltblöcken. Von der Bergeshöhe aus hat man zur Rechten Aussicht über das tiefe, gegen W. laufende Thal *Ḍâna* mit dem Dorfe *Ḍâna* auf dem jenseitigen Berge, dem höchsten im Gebiete *Ġibâl.* Weiter südlich dehnt sich eine überall tragbare Ebene mit den Ruinen *El-ḍaḥal* aus; sie wird von dem grossen, zuerst offenen, gegen Westen immer enger werdenden *W. ġuwêr* durchschnitten, das wegen seiner trefflichen Weide berühmt ist. An seiner Südseite liegt der verfallene Ort *Ṣiḥân.* Weiter südlich trägt ein niedriger Hügel die aus der Kreuzfahrerzeit berühmte Feste *Šôbak;* darauf folgt eine andere Ruine *Naġad.* Die Quellen dieser beiden Orte vereinigen sich und bilden ein

[1]) Fehlt bei Robinson III 861, wenn es nicht *El-baiḍât* sein soll.

[2]) Doughty, Travels I 45—47. Dass die Angaben bei Doughty so wenig mit Labordes zusammenfallen, erklärt sich wohl dadurch, dass Doughty mehrmals in der Nacht reiste.

einziges Thal. Weiter südlich führt der Weg über hügeligen Boden nach *Urak* und von dort zuerst durch ein Thal mit Spuren früheren Anbaues, Mauerresten und gepflasterten Strassen und dann über einen öden Berg nach *'Ain mûsâ* und *El-ği*[1]).

An diese für unsere Kenntnisse des Gebietes *Ğibâl* grundlegende Reise Burckhardts schliessen sich die Berichte Irby und Mangles, Mauss's und Doughtys ergänzend an. Die ungemein romantische Reise der Engländer Bankes, Irby, Mangles und Legh[2]) ging von *Kerak* aus. Nachdem sie *W. el-ahsâ* überschritten hatten, hielten sie sich mehr östlich als Burckhardt, ohne *Tafîle* und *Dâna* zu berühren. Sie zogen durch eine fruchtbare Gegend, die an einigen Stellen mit schwarzen Massen vulcanischer Gesteine bedeckt war, stiegen in südsüdwestlicher Richtung zu immer höheren Tafelflächen empor und bemerkten weiter hin in der Nähe neuer vulcanischer Gesteine eine Ruine *„El hagre"*. In einer Entfernung von einer (englischen) Meile passirten sie *Buṣêra* und machten dann nach dreistündigem Marsche in südlicher Richtung und allmählich hinabsteigend den wichtigen Fund der Ruinen *Ğarundel*, deren Bedeutung im Folgenden berührt werden soll. Sie liegen am Anfange der nördlichen *W. ğarundel* neben einigen vulcanischen Hügeln[3]). Hier trafen sie Spuren einer alten, mit schwarzen Steinen gepflasterten Römerstrasse, der sie eine Zeit lang folgten, wobei sie in südwestlicher Richtung die Ruinen *„El ğaig"* sahen. Später verliessen sie die weiter über die Hochebene streichende Römerstrasse, um in ein tiefes Thal hinabzusteigen, an dessen Südwestende der Burgberg der Feste *Šôbak* sich erhebt *like a gigantic mound.* Unter der Führung des ritterlichen Schechs *Abu Rašîd* stiegen sie in die Bergschlucht gegen SW. hinab, von welcher aus sie den Gipfel des Berges *Hor* erblickten; dann bogen sie nach Osten ab und sahen an beiden Seiten der Thalschlucht Ruinen, die man für Castelle hielt, die einst dazu dienten, diese Eingänge zu beherrschen. Man kam, stets in südwestlicher Rich-

---

[1]) Burckhardt II 675—701. B. war der erste europäische Reisende, der die Ruinen von Petra besuchte; da er nicht sein Interesse an den „alten Steinen" in Petra verrathen durfte, weil dieses Zweifel an seine Echtheit als Muhammedaner erregt haben würde, gab er vor, eine Ziege am Grabe Ahrons opfern zu wollen.

[2]) Irby and Mangles, Travels 1852, 114 ff.

[3]) Vgl. die genauere Beschreibung der Ruinen dieses alten Bischofsitzes bei Irby and Mangles S. 115[a].

tung, zu einer kreisrunden Ebene mit Kornfeldern, Gesträuch und Tamarisken-Bäumen und dann nach einem Marsche von drei Stunden in südwestlicher Richtung zu einem als Pass dienenden Berggipfel, der nur einen steilen Aufweg hatte, indem er sonst, wie auch die benachbarten Gipfel, unzugänglich war. Oben angelangt hatte man einen grossartigen Ausblick: im kreisrunden Vordergrunde ein hochgelegenes Thal, in das man hinabschaute, mit Culturterrassen und zerstreuten Zelten besetzt; gegen SW. ein kleines Dorf, *Dibdiba,* mit einem Wald von Feigenbäumen umgeben; darüber erhob der Berg *Hor* seine gewaltige Masse, hinter welcher die Reisenden, deren Standpunkt höher war als dieser Berg, den südlichen Theil des Gebirges *Šerâh* und daneben das Sinaigebirge erblickten. Von hier aus stiegen sie in halbstündigem Marsche gegen SW. hinab und erreichten dann eine neue Erhöhung, wo sich in südlicher Richtung eine Aussicht über *Wadi Mûsâ* eröffnete; auch *Dibdiba* war von diesem Punkte aus sichtbar. Als sie endlich nach mehrtägigem Warten weiter ziehen durften, stiegen sie in ostsüdöstlicher Richtung in einen steilen und felsigen Hohlweg hinab, der sie endlich zur nordöstlichen Ecke des *W. Mûsâ* führte.

Doughty besuchte während seines Aufenthaltes in *Ma'ân,* an der Pilgerstrasse in der östlichen Wüste, den mittleren Theil des Gebirgslandes. Nach 15 (englischen) Meilen in nordwestlicher Richtung über Moorland kam er zu den umfassenden Ruinen der Stadt *Aḏruḥ* (*Utherah*) mit einer reichen Quelle und fruchtbarem Boden. Weiter ging er über wellenförmiges Kalksteinland, an mehreren Ruinenstädten vorbei[1]), und dann die Berge hinauf, wo sich die Aussicht über das Todte Meer, die *'Araba* und den von hier aus niedrigen Berg *Hor* eröffnete. Vor sich hatte er *Šôbak,* jenseits einer Senkung des Terrains. Von hier aus wandte er sich gegen Südwesten, um *Petra* zu erreichen. Nach 9 Meilen über einen aufsteigenden Boden traf er die Ruinen *Chidâd* mit einigen Kalksteinhöhlen, wonach er wieder den rauhen, mit Wachholdern bewachsenen Kalksteinfelsen hinabstieg, mit *Petra,* das sich als eine tiefe Kluft in weiter Ferne zeigte, vor sich. Zuletzt kam er zu dem Sandsteingebiete und von der Nordseite in

---

[1]) Eine Stunde hinter *Aḏruḥ* die Ruinen eines umzäunten Dorfes *Mottchma,* 1 Stunde weiter *Hetigy;* 1 Stunde vor *Šobak* auf dem Abhange eines Baches die Ruine *Nejjel* (d. i. *Nağl*).

die *Petra*ebene hinein. Auf dem Rückwege folgte er demselben Wege wie Burckhardt nach *'Ain mafraḳ* (p. 8). Sonst berichtet er von diesem directen Wege nach *Ma'ân* leider nur, dass die Entfernung zwischen *Petra* und *Ma'ân* 5 Stunden beträgt, und dass er auf der Hochebene östlich vom Gebirge die bedeutenden, südlich von *Adruḥ* gelegenen Ruinen „*Graaf*" passirte[1]).

Die französischen Reisenden Mauss und Sauvaire endlich besuchten *Šôbak* von *Keraḳ* aus, aber auf zum Theil neuem Wege. Sie passirten den oberen Theil von *W. el-aḥsâ* und folgten dann vorläufig der grossen Pilgerstrasse, welche Damaskus mit Arabien verbindet; dann verliessen sie diese und bogen nach Westsüdwesten ab, um durch die pflanzenlose Wüste auf die Ostseite des Gebirges loszusteuern. Sie gingen dabei südlich um eine Hügelkette *Ǵuhêra* herum, worin sie eine Fortsetzung von den Bergen von *Tafîle, Busêre* und *Ḍâna* vermutheten. Mit *Šôbak* gerade vor sich passirten sie auf einer blumenbesäeten, allmählich aufsteigenden Ebene einen langgedehnten Hügel *Et-tuwajjel;* links hatten sie in einiger Entfernung die bedeutenden Ruinen *Ǵamîje.* Weiterhin, ostsüdöstlich von *Šôbaḳ,* sind die Ruinen *Ed-dôsaḳ,* die mit *Šôbaḳ* durch einen Weg verbunden sind; dann, südlich von *Šôbaḳ*, die auch von Doughty erwähnten Ruinen *Naǵl.* Oestlich und nordöstlich von *Šôbaḳ* macht eine tiefe, nach Norden laufende Schlucht, ohne Zweifel die, durch welche Irby und Mangles hinabstiegen, die Feste unzugänglich von dieser Seite. Links von dem Burgberge ist ein W. *Ǵohêra,* wie überhaupt die ganze Umgegend voll Schluchten und Hügeln ist[2]). Der an allen Seiten isolirte Burgberg, auf welchem die Feste „wie ein wahres Geiernest" liegt, ist 1279 m hoch; nur ein einziger, für Fremde schwer zu entdeckender Pfad an der Nordostseite führt zu ihm hinauf. Den Rückweg traten die Reisenden bei *Dôsaḳ* an. Nach $2^1/_4$ Stunden in nördlicher Richtung kamen sie zu dem mit Gebüsch und Dorngesträuch bewachsenen Fusse der Berge nordöstlich von *Šôbaḳ* an der Grenze der Wüstenebene. Ein Ansteigen von 1 Stunde brachte sie zur Quelle *Ed-darbe* (1382 m hoch), die nach Mauss auf der Höhe von *Ḍâna* liegt. In der Nähe ist der Anfang des

---

[1]) Doughty I 35—43.

[2]) Mauss erwähnt S. 142 *W. el-buǵêǵ, W. bujature* und *W. buwêḳa;* leider fehlen dabei alle Richtungsangaben. Westlich von *W. ǵohêre* läuft „*W. Pousor*" (S. 145).

W. ġarundel mit den Ruinen *Ġarundel* (p. 12). Weiter ging es durch eine grosse Einsenkung mit Dorngesträuch, Namens *El-chôr*. Hier trafen sie Spuren der römischen Strasse, die *Kerak* mit *Petra* verband. Dieser folgend stiegen sie in östlicher Richtung die Berge hinab und kamen weiter nördlich zu den bedeutenden Ruinen *Et-ṭawâne*. Von hier führte ihr Weg über eine von einigen Wadis durchfurchte Hochebene nach *W. el-aḥsâ*. Dieser Rückweg fällt wesentlich mit dem von Irby und Mangles in entgegengesetzter Richtung zusammen, ohne doch dieselben Einzelpunkte zu berühren[1]).

Das hier beschriebene Gebirge ist, wie schon aus dem Mitgetheilten ersichtlich, keineswegs unfruchtbar. Zwar finden sich gänzlich pflanzenlose, steinerne Parthien darin, aber daneben eine Reihe von sehr fruchtbaren und schönen Landstrichen. „Das Land ist ausserordentlich fruchtbar und steht im angenehmen Contrast zu der unfruchtbaren Region auf der anderen Seite der *Araba*. Liebliche Wasser durchströmen die mit Bäumen und Blumen geschmückten Thäler, während reiches Weideland und Kornfelder die Höhen bedecken"[2]). Ganz dasselbe Zeugniss stellt im Mittelalter Ibn Haukal dem Lande aus: die Berge sind äusserst productenreich und haben viele Oel-, Mandel-, Feigen-, Granatbäume und Weinstöcke[3]). Besonders bemerkenswerth sind nach den bisherigen Reiseberichten folgende Punkte: Die Umgegend von *Ṭafîle* ist reich an Quellen. Sie ist mit grossen Obstbaumpflanzungen umgeben. Aepfel, Aprikosen, Feigen, Pomeranzen, Oliven und Pfirsichen von einer sehr grossen Art werden in grosser Menge gebaut[4]). Bei *Ḍâna* finden sich schöne Gärten und Tabakspflanzungen. *W. ġuwêr* ist, wie schon bemerkt, wegen seiner Weide berühmt[5]). Die Gegend um *Šôbak* wird in der Kreuzfahrerzeit als reich an Korn, Oel und Wein geschildert, was auch die neueren Beschreibungen bestätigt haben[6]). Zwischen *Šôbak* und *Petra* sah Doughty

---

[1]) Luynes a. S. II 137—160.

[2]) Palmer, Wüstenwanderung 334.

[3]) ZDPV VI 5. VIII 123.

[4]) Burckhardt 677.

[5]) Burckhardt 688.

[6]) ZDPV X 238. Robinson III 120. Luynes II 145. Burckhardt 696. Ritter, Erdkunde XIV 1048. In *W. naġd* südl. von *Šôbak* erwähnt Burckhardt 699 Getreidefelder und Weinberge; grosse Quantitäten getrockneter Trauben werden nach Gaza und

die grössten Schaafheerden, die ihm überhaupt in Arabien vor Augen kamen; an den bestgeschützten Stellen finden sich Kornfelder, die nur durch Regen bewässert werden[1]). Südlich vom *Nemela*-Passe fand Robinson Spuren von Terrassen und früherem Anbau, obgleich der Boden mager und dürftig ist[2]). Im *Sufâh baidâ* sahen Irby und Mangles Kornfelder, Gesträuch und Tamarisken, während Robinson den noch bebauten Boden nicht besonders ergiebig fand[3]). Die Abfälle bei *El-ǵî* sind in Terrassen verwandelt und bebaut; das Dorf selbst ist von ausgezeichneten Obstbäumen umgeben. Auch das südlich von *El-ǵî* aufsteigende Thal ist, obgleich voller Kiesel, des Anbaues sehr fähig[4]). Der Bergrücken an der Westseite des tiefen Abgrundes, den Laborde und Burckhardt erwähnen (S. 9), hat fruchtbaren Boden, und Reihen von zusammengelegten Steinen weisen auf früheren Anbau hin. Auch weiter südöstlich zeigen sich mehrere kleine Striche mit wunderbarer Fruchtbarkeit[5]). Die Hochebene im südwestlichen Theile des Gebirges wird noch von den Beduinen stellenweise bebaut; sie wird vom Regen bewässert. Selbst am Anfange der Wüste weiter nordöstlich finden sich Spuren früheren Anbaues aus Zeiten, da eine grosse und fleissige Bevölkerung hier wohnte[6]).

Einen ganz anderen Character hat das Gebirge westlich von der *'Araba*, das wir auch hier, aus Gründen, die im Folgenden klar werden sollen, theilweise betrachten müssen. Hier beginnt die trostlose Wüste, die sich bis zur ägyptischen Grenze ausdehnt und Palästina gegen Süden begrenzt.

Südwestlich vom Todten Meere mündet in das *Ġôr* ein grosses Wadi ein, *W. Fikre*, das sich in südwestlicher Richtung in das Gebirge westlich von der *'Araba* hinaufzieht. Nicht weit von seinem oberen, linken Rande thürmt sich eine mächtige Felsenkette auf, über welche die bekannten

an die syrischen Pilgrimme verkauft. Dieses *Naǵd* ist wohl identisch mit *Naǵl* bei Mauss und Doughty.

1) Doughty I 39.

2) Robinson III 55.

3) Ritter, Erdkunde XIV 1050. Robinson III 56 ff.

4) Robinson III 60. Burckhardt 719 f.

5) Laborde 202 f.

6) Doughty I 45 f.

Pässe *Eṣ-ṣafâ* und *Jemen* zum südlichen Theile von Palästina hinaufführen. Von Südwesten her nimmt *W. fiḳre* in seinem oberen Theile ein anderes Wadi auf, *W. Madara*, das eigentlich als sein Anfang betrachtet werden kann. Seinen Namen trägt es nach dem freistehenden Berge *Madara*, an den die Araber höchst eigenthümliche Sagen knüpfen. Gerade westlich von diesem Berge schneidet sich ein tiefes Thal, *W. Marra*, in westlicher Richtung in das wilde und grossartige Gebirge hinauf[1]) Die hier erwähnten drei Wadis bilden die nordwestliche und nördliche Grenze einer entsetzlich öden Hochebene, deren Ostgrenze die ʼAraba-Niederung ist. Die schwarze, rauhe Oberfläche dieses Plateaus — die Heimath des gefürchteten ʼAzâzime-Stammes — ist nicht eben, sondern voll niedriger Berge, die jedoch, nach Palmers Ausdruck, wenig besser als Ungleichheiten des Bodens in gigantischem Massstabe sind. Gegen Osten und Süden senkt sich die Hochebene bedeutend. Dieses Sinken geschieht nicht allmählich, denn Palmer musste auf seiner kühnen Reise quer über die Hochebene in südöstlicher Richtung ungefähr in der Mitte zwischen *Gebel Madara* und dem Punkt, wo er die ʼAraba erreichte, einen steilen Pass, *Naḳb ibn Mâr*, hinabsteigen. Der mauerähnliche Südrand der Hochebene läuft gegen Osten in eine Felsklippe, Namens *El-Maḳra*, aus[2]). Vor der südwestlichen Ecke des Plateaus erhebt sich ein kegelförmiger Berg, *Gebel ʼarâif*, der den Endpunkt des ʼAzâzime-Gebietes nach dieser Seite hin bezeichnet.

Die ganze Hochebene ist eine furchtbar öde, mit Geröll bedeckte steinige Wüste. Für den nördlichen Theil an der rechten Seite des *W. Fiḳre* war dieses schon früher bekannt[3]), während es jetzt durch Palmers Reise constatirt worden ist, dass der südliche, grössere Theil ganz denselben Character hat. Nur an dem Rande des Plateaus trifft man einzelne Stellen, die eine Ausnahme bilden.

An der Westseite nördlich vom *Gebel ʼarâif* finden sich die Brunnen *Mâjen*, deren Wasser „süss wie das Wasser des Nils" sein soll; es fliesst gegen Westen am *Gebel ʼarâif* durch das Thal *Mâjen*, das in das *W.-el-ʼariś*

---

[1]) Palmer, Wüstenwanderung 314: Der Blick von oben ist beinahe überwältigend; neben den jähen Klippen, die allenthalben dem Auge begegnen, steigen ungeheure *jorfs*. d. h. Einzelgebirge an allen Seiten des Wadi-Bettes in die Höhe und bekunden es nur als einen Einschnitt in der tiefen alluvialen Ablagerung, aus welcher die Ebene entstanden ist.

[2]) Robinson I 295. Danach wird bisweilen die Hochebene das *Maḳra*-Plateau genannt.

[3]) Robinson III 144 ff.

mündet[1]). Weiter nördlich oder nordöstlich, im *Azâzime*-Gebiete selbst — nach Trumbulls Karte in einer Linie wenig nördlicher als *Petra* — befindet sich die herrliche, von Feigenbäumen, Sträuchern, Blumen und Gras umgebene Quelle *Ḳadîs*, die Rowland und später Trumbull besucht haben. Ihr Wasser fliesst nach Westen durch das zum Anbau dienliche *W. ḳadîs*[2]).

Die Ostseite der Hochebene ist von einer Reihe Wadis durchschnitten, welche in die *'Araba* einmünden, und deren ausgewaschene Flussbetten im Alterthume cultivirt gewesen sind. Südöstlich vom *Ǧebel 'arâif* beginnt ein Wadi, das die tiefere Basis der Hochebene umzieht, Namens *W. ǵamr;* sein weites Bett ist mit einem ungeheuren Walde von *Tarfa*-bäumen bewachsen[3]). Ehe es die *'Araba* erreicht, nimmt es von Norden her das *W. ǵerâfe* auf[4]). Nördlicher wird das Plateau selbst vom *W. râmân*, *W. ḳataife* und *W. abu taraime* durchschnitten. Es folgen dann in derselben Richtung *W. mirzaba,* das grosse *W. muhelle, W.-el-charâr, W. haseb*[5]), *W. kuseib*[6]) und endlich als Grenze *W. fiḳre.* Die südlicheren dieser Thäler machen nicht nur durch die grüne Farbe, sondern auch durch den hier sporadisch zu Tage tretenden rothen Sandstein einen höchst wohlthuenden Eindruck auf den Wanderer.[7])

Das Plateau wird von den Karawanen seit langen Zeiten ängstlich vermieden; das breite Karawanengeleise, dem Palmer folgte, machte den Eindruck, lange nicht betreten worden zu sein. Dagegen fand er südlich von *W. râmân* eine verfallene Burg *Kal'at umm ḳusêr* und daneben einen Weg, wahrscheinlich eine alte Römerstrasse, der dieses Fort zur Vertheidigung dienen sollte. Die jetzige Karawanenstrasse von *'Aḳaba* nach Palästina folgt dem *W. bejâne* weiter südlich und umgeht das *'Azâzime*-Gebiet in grossem Bogen[8]).

---

[1]) Robinson I 304. Palmer 266. Trumbull, Kadesh Barnea 254.

[2]) Trumbull 255 ff.

[3]) Palmer 329.

[4]) Nicht mit dem südlicheren *W. ǵerâfe,* Robinson I 304, zu verwechseln.

[5]) Luynes 254.

[6]) Robinson III 41.

[7]) Palmer 326. 329.

[8]) Palmer 326 f. Robinson I 303. Wie es sich mit den alten Strassen zw. Palästina und *'Akaba* verhalten habe, ist nicht klar. *Muḳaddasi* (ZDPV VII 229) giebt folgende Route an: von *Ramle* nach *Sukarijji* (w. von *Eleutheropolis*) 1 Stat., *Et-tulêl* 2 Stat., *El-ǵamr* 2 Stat., *'Aila ('Aḳaba)* 2 Stat. Dies *El-ǵamr* muss doch wohl mit

Werfen wir schliesslich einen kurzen Blick auf die *'Araba*, welche die beiden beschriebenen Gebirge trennt [1]): Auch sie ist eine unfruchtbare, mit Sand, Kies und Steinblöcken bedeckte Wüste, in welcher ausserdem die meist glühende Hitze den Aufenthalt beinahe unerträglich macht. Der Boden ist nicht eben, sondern von Sandhügelreihen durchzogen, die sich von Norden nach Süden hin erstrecken [2]). Etwas nördlich von der oben erwähnten Wasserscheide bildet sich in der *'Araba* selbst das *W. ǵeib*, das sich in nördlicher Richtung bis zum Todten Meer hinzieht, der westlichen Thalwand näher als der östlichen. Das meist trockene Bett des Wadi ist in die Mergelerde so tief eingeschnitten, dass die senkrechten Wände an beiden Seiten eine Höhe von 100—150 Fuss erreichen. Von *W. mirzabe* an nimmt es die von Westen kommenden Wadis in sich auf [3]). Eine Abwechselung bringen in diese Einöde nur die sparsamen Quellen, die am Fusse der Thalwände hervorquellen und kleine Oasen bilden. Die bedeutendste unter ihnen ist *'Ain-el-weibe*, im westlichen Theile der *'Araba*, ungefähr dem *W. ǵuwêr* gegenüber, die durch Robinsons Versuch, in ihr das alte *Ḳadeš* nachzuweisen, bekannt geworden ist [4]). Weiter nördlich trifft man die Quelle des *W. hasb* [5]), *'Ain-el-charâr* [6]) und *'Ain-el-'arûs* im nördlichsten Theil der Niederung [7]). Auch an der Ostseite der *'Araba* finden sich Quellen; so die Quelle im südlichen *W. ǵarundel* und weiter südlich die Quelle *„Thaabe“* [8]).

W. ǵamr verbunden werden [Gildemeister Bemerkung ZDPV VII 229 ist mir unverständlich]; es soll ein Wasser mitten in der Wüste gewesen sein. Die Stationen der Tafeln Peutingers zw. *'Aḳaba* und *Lysa* (d. i. *W. Lussan* nördl. vom *Ǵ. 'arâif*) lassen sich nicht identificiren. *Diana* kommt auch vor in der Route *'Aḳaba-Petra*, sollte also zunächst der Eingang von *W. itm* sein, wo der Weg sich theilt; aber dazu stimmen die Entfernungen nicht.

1) Vgl. Robinson III 153—161. 767 ff. Visconti, Diario 294 ff. Hull, Mount Seir 75. 97. und de Luynes Reisebericht.

2) Auch eine Reihe röthlicher Felsen finden sich darunter, Namens *Hamra-fedân* (so Robins. III 47) od. *Sumrat-fiddân* (so Palmer 354, Hull 100), neben dem *W. fedân*.

3) Robins. III 42. Parallel mit dem nördlichsten Theile von *W. ǵeib* läuft mehr östlich *W. ṭalâḥ*, s. Luynes I 252. Palmer 356.

4) Robins. III 138 ff. Abbildungen bei de Luynes I 304, Trumbull, Kadesh 308.

5) Robins. III 43. Luynes I 254.

6) Robins. III 144.

7) Robins. III 39.

8) Luynes II 158 f. Visconti 308.

Am südlichsten Ende der *'Araba*, wo sich die Aussicht über das Meer und die ferne ägyptische Küste eröffnet, findet man eine grosse Menge Palmbäume in regelmässigen Reihen; zwischen ihnen und dem Meere erheben sich die Dünen des Strandes.

Im Norden bildet eine Reihe von weisslichen Felsen, die quer über die Niederung laufen, die Grenze zwischen der *'Araba* und dem *Ġôr*. Etwas weiter nördlich, unmittelbar an der Südspitze des Todten Meeres, befindet sich eine marschartige Niederung, *Es-sabka*, in deren Nähe man vielleicht das „Salzthal" des Alten Testamentes suchen kann. Nordwestlich davon erheben sich die merkwürdigen Salzfelsen, *Ġebel usdum*, während gegen Nordosten die Grenze gebildet wird durch das sogenannte *Ṣâfia*, einen 1000 Fuss hohen, glatten und blendend weissen Sandsteinvorsprung, durch welchen *El-aḥsâ* (S. 5.) sich seine Bahn bricht. In dem zwischen *Eṣ-ṣafia* und dem See liegenden *Ġôr* wächst Gerste, Weizen, Durra und Tabak[1]).

Die Gegenden, die wir hier beschrieben haben, waren im Alterthum die Wohnstätte des edomitischen Volkes.

Die Frage nach den Grenzen des edomitischen Landes in vorexilischer Zeit lässt sich nach dem Alten Testamente mit ziemlich grosser Sicherheit bestimmen. Zunächst kann es nicht zweifelhaft sein, dass wir den eigentlichen Wohnsitz der Edomiter in dem langgedehnten Gebirge östlich von der *'Araba* zu suchen haben. Nur diese Gegend und nicht das Gebirge westlich von der Niederung bietet die materielle Grundlage für ein wirkliches Volksleben, wie die Edomiter es unstreitig gehabt haben. Auf diese Gegend als eine von den Edomitern bewohnte weisen auch verschiedene Angaben des Alten Testamentes mit Bestimmtheit hin. Als die Edomiter den westlich von der *'Araba* stehenden Israeliten den Durchzug durch ihr Land verweigerten, mussten diese nach *'Akaba* hinabziehen, um von dort östlich vom Gebirge *Šerâh* nach Moab zu gelangen (Dt. 2, 8). Der Prophet Ezechiel bezeichnet die volle Ausdehnung des edomitischen Landes mit dem Ausdrucke: von *Teman* bis nach *Dedan*, mit welch letzterem Worte ein in der Wüste östlich von jenem Gebirge wohnender

---

[1]) An dieser Stelle ist das alte, noch im Mittelalter vorkommende *Ṣo'ar* zu suchen; s. Delitzsch, Gen. [4] 564 f.

Stamm bezeichnet wird. Auch passt die Beschreibung des edomitischen Volkes bei Obadja als „in Felsenklüften und auf Felsenspitzen wohnend" schlagend auf das östliche Gebirge. Weitere Beweise werden uns im Folgenden auf Schritt und Tritt begegnen [1]).

Die Ostgrenze des Landes war dann von der Natur selbst gegeben. Es war die trostlose Hochebene östlich vom Gebirge, die syrische Wüste, in der alle Cultur aufhört. Wie jetzt noch, führte schon damals eine Karawanenstrasse der Ostseite des Gebirges entlang aus Arabien nach Damaskus, eine Strasse, welche z. B. die an der Ostseite des rothen Meeres wohnenden Midjaniter auf ihren Raubzügen nach den nördlichen Gegenden benutzten (Ri. 8, 11). Dieselbe Strasse zogen die Israeliten auf ihrem Wege von *'Aḳaba* nach Moab, wobei es heissen kann, dass sie damals das edomitische Gebiet betraten (Dt. 2, 4), weil die Strasse einzelne Ausläufer des Culturlandes berührt.

Gegen Norden war damals wahrscheinlich wie jetzt *W.-el-aḥsâ* die Grenze zwischen Edom und Moab. Dafür spricht, dass die Stadt *Ṣôar*, die, wie schon bemerkt, in *Gôr-eṣ-ṣâfia* gesucht werden muss, als moabitische Grenzstadt erwähnt wird (Jos. 15, 5. Jer. 48, 34). Welchen Namen *W.-el-aḥsâ* damals trug, lässt sich nicht mit voller Sicherheit entscheiden. Nach Dt. 2, 13 f. ist es allerdings sehr wahrscheinlich, dass es *Zered* hiess; doch stimmt damit nicht recht Nu. 21, 11 f., wo die Israeliten schon in der Wüste östlich von Moab sind und dann erst nach dem *W. zered* kommen. Möglich ist es ferner, dass der untere Lauf vom *W.-el-aḥsâ*, der jetzt *Ḳurâḥi* heisst, damals den Namen *W. 'arâbîm*, Thal der Euphratpappeln führte [2]); aber ein sicherer Beweis dafür lässt sich nicht führen. Dagegen stimmt die Annahme, dass *W. el-aḥsâ* auch damals die Grenze bildete, sehr gut mit der später zu erwähnenden Erzählung 2. Kg. 3, 8, wo die Israeliten und Edomiter in der „Wüste Edoms" waren, d. h. in der Wüste nordöstlich vom edomitischen Gebirge und hier an Wassermangel litten, bis sie durch Graben Wasser fanden;

[1]) Auf den im Namen *Edom* (von אדם roth sein) liegenden Beweis soll nicht Gewicht gelegt werden; allerdings fällt Einem bei der Beschreibung der rothen Felsen in diesem Gebirge diese Namenserklärung immer wieder ein (vgl. auch Doughty I 46), aber solche Etymologien sind zu unsicher, um darauf etwas zu bauen.

[2]) Vgl. Wetzstein bei Delitzsch, Gen. 4 567 f.

denn gerade dieser Zug des Berichtes weisst auf die Gegend hin, wo *W. el-aḥsâ* entsteht (s. unten).

Eine bestimmte Südgrenze wird nicht angegeben. Nur sieht man, dass *'Aḳaba* (*Elat* mit *Esjon geber*) mehrmals in den Händen der Edomiter war, und dass sein Besitz die Schifffahrt auf dem rothen Meere bedingte; dies weisst deutlich darauf hin, dass es den südlichsten Punkt des Landes bezeichnete.

Was die Westgrenze betrifft, so ist absolut sicher, dass die Edomiter auch ihre Herrschaft über einen Theil des Gebirges westlich von der *'Araba* ausgedehnt haben. Bleiben auch einige alttestamentliche Angaben über die Grenze Edoms nach Westen hin nicht mehr verwendbar, so sind andere doch so deutlich, dass die Sache nicht zweifelhaft sein kann.

Aus Nu. 20, 16 erfahren wir, dass die Israeliten sich an der Grenze Edoms befanden, als sie sich in *Ḳadeš barnea* aufhielten. Nun kann man wohl nicht mehr bezweifeln, dass es wirklich Trumbull gelungen ist, das biblische *Ḳadeš* in dem oben p. 18 erwähnten *W. ḳadîs* mit der Quelle *Ḳadîs* nachzuweisen [1]). Damit stehen wir an der Westseite des *'Azâzime*-Gebietes, das folglich ganz oder theilweise edomitischer Besitz gewesen sein muss.

Ohne Gewinn für uns ist die Nu. 20, 23 (nach P.) mitgetheilte Nachricht, dass der Berg *Hor*, wo Ahron starb, an der Grenze Edoms lag (vgl. Nu. 33, 37). Die Lage dieses Berges lässt sich nämlich nicht mehr bestimmen [2]). Die ganze Frage wird ausserdem durch eine literarkritische Schwierigkeit noch verwickelter. Während Ahron nach P. auf dem Berge *Hor* stirbt, stirbt er nach Dt. 10, 6 an einem Orte Namens *Mosera*. Man könnte diese beiden Angaben dadurch in Einklang zu

[1]) Vgl. ZDPV VIII 210 ff. Die Beweisführung, womit Wetzstein (bei Delitzsch, Gen. [4] 574 ff.) erhärten will, dass das biblische *Ḳadeš* mit dem von Muḳaddasi erwähnten *Ḳâdûs* eine Tagereise von *Hebron* und eine von *So'ar* identisch sei, ist blendend durch Scharfsinn und Gelehrsamkeit, wirkt aber doch nicht überzeugend. Die an sich auffallende Thatsache, dass nur Muḳaddasi diesen Ort erwähnt, wird noch mehr bedenklich durch den Umstand, dass nach de Goeje alle Handschriften an der betreffenden Stelle *ḳâ'ûs* und nicht *ḳâdûs* haben (ZDPV VII 226).

[2]) Das Unmögliche der späteren Identificierung von *Hor* mit dem Berge bei *Petra* folgt schon daraus, dass die Israeliten dann mitten im Lande Edom gewesen wären, während die Edomiter ihnen ja verboten, überhaupt ihr Land zu betreten.

bringen suchen, dass man *Hor* als einen Berg bei *Mosera* betrachtete. Aber nach der jehovistischen Darstellung, welcher Deut. folgt, zogen die Israeliten von *Ḳadeš* in südöstlicher Richtung nach *'Aḳaba*, während sie nach dem Ortsverzeichnisse Nu. 33, 30 ff. *Moseroth* (doch wohl = *Mosera*) besuchten, ehe sie nach *'Akaba* gekommen waren, und erst nach dem Aufenthalt in *'Akaba* nach *Ḳadeš* und dann nach *Hor* ziehen[1]. So muss hier die Verschiedenheit der Quellenangaben anerkannt und zugleich zugegeben werden, dass der Bericht der Priesterschrift den Eindruck hervorruft, als wären die Israeliten von *Ḳadeš* über *Hor* direct in nordöstlicher Richtung nach Moab gezogen. Für eine solche nordöstliche Lage vom Berge *Hor* spricht auch, dass der König der weiter nördlich liegenden Stadt *Arad* die Israeliten angreift, nachdem sie von *Ḳadeš* nach *Hor* gezogen waren (Nu. 33, 40. c. 20 f.). Ist dieses richtig, so kann man bei dem an Edoms Grenze liegenden Berge *Hor* etwa an den Berg *Madara* denken[2]; aber mehr als eine reine Vermuthung ist das nicht.

Dagegen findet das Ergebniss, dass die Edomiter auch das Hochplateau westlich von der *'Araba* bewohnten, eine weitere Bestätigung in den Grenzangaben des israelitischen Gebietes Nu. 34, 3 f. In dem 4. Vers lesen wir, dass die Südgrenze des israelitischen Landes am Südende des Todten Meeres beginnen, und sich dann südlich von der *'Aḳrabbim*-stiege bis nach *Ṣin* und weiter bis südlich von *Ḳadeš* hinziehen sollte; dazu fügt V. 3 die Bestimmung: Eure Südgrenze soll sein in der Wüste *Ṣin*, dem edomitischen Gebiete entlang[3]. Hiermit ist Jos. 15, 1 zu vergleichen: das Stammgebiet Judas erstreckt sich bis zur Grenze Edoms, in der Wüste *Ṣin*. Massgebend bei diesen Angaben ist die

---

[1]) Ewald (Gesch. II 283 ff.) u. A. schaffen den Widerspruch aus der Welt, indem sie 33, 36b 41a hinter V. 30a stellen, wodurch *Ḳadeš* und *Hor* schon vor *Moseroth* fallen; man gewinnt dadurch eine mit Deut. so ziemlich übereinstimmende Darstellung und könnte den bei *Mosera* liegenden Berg *Hor* auf dem Wege zwischen *Ḳadeš* und *'Aḳaba* suchen, etwa in dem hervortretenden *Ǵebel 'arâif*. Aber die ganze Aenderung ist sehr prekär, vgl. besonders Dillm. z. St.

[2]) So Wilton, The Negeb 1863. 127 ff. Trumbull, Kadesh 132 ff. u. A. Nur darf man sich dabei nicht auf die Aehnlichkeit zwischen *Madara* und *Mosera* berufen, denn erstens ist diese Aehnlichkeit rein zufällig, und zweitens gehört *Mosera* einer anderen Quelle an.

[3]) עַל יְדֵי steht einfach in der Bedeutung „zur Seite", wie z. B. Ri. 11, 26 עַל יְדֵי אַרְנוֹן, ohne dass der Pluralis dem Ausdruck einen besonderen Umfang verleiht.

ʿAḳrabbim-stiege, die man mit der grössten Sicherheit in den oben S. 17. erwähnten Pässen über die Berge links vom *W. fiḳre* suchen darf, sei es im *Naḳb-eṣ-ṣafâ*[1]) oder im *Naḳb-el-jemen*[2]). Die Grenze selbst wird dann mit dem *W. fiḳre* zusammengefallen sein. Von da aus zog sie sich weiter bis zur Gegend südlich von *Ḳadeš* in einer Linie, die zunächst wahrscheinlich mit dem *W. madara* combinirt werden kann, weiter südlich aber nicht festzustellen ist, da diese Gegend noch gänzlich unbekannt ist. Die (nur bei P. vorkommende) Wüste *Ṣin* kann nicht ohne weiteres als mit dem edomitischen Gebiete identisch betrachtet werden, denn in ihr lag ja das den Israeliten gehörende *Ḳadeš* (Nu. 20, 1. 27, 14. 33, 36. Dt. 32, 51 vgl. auch Nu. 13, 21). Vielmehr darf man sie mit dem *ʿAzâzime*-Gebiete zusammenstellen, das ja auch *Ḳadeš* umfasst, wonach also jene Wüste etwas grösser als das edomitische Gebiet westlich von der *ʿAraba* gewesen ist[3]).

Eine neue, aber für uns leider nicht zu verwendende Bestimmung erfährt die Grenzangabe Jos. 11, 17. 12, 7. Hier wird die ganze Ausdehnung des israelitischen Landes durch zwei Grenzpunkte angegeben: nördlich *Baʿal gad*, in der Gegend vom Libanon, und südlich „der glatte Berg, der gegen *Seʿir* hin sich erhebt“[4]). Die ganz unbestimmte Angabe kann auf jede Bodenerhebung in dieser Gegend passen, so dass kein zwingender Grund vorliegt, gerade an den Berg *Madara*[5]), oder an den *Ṣafâ*-Pass[6]), oder an den weisslichen Höhenzug, der quer über die *ʿAraba* läuft[7]), zu denken.

Ohne wesentlichen Gewinn für unsere Frage ist der Bericht Dt. 1, 44 über den Sieg der Emoriter, wonach sie die Israeliten schlugen „von

---

1) So Wetzstein bei Delitzsch, Jes.[3] 697.

2) So Trumbull, Kadesh III.

3) Wetzstein sucht die Wüste *Ṣin* in dem schmalen Landstrich zwischen dem *W. fiḳre* und dem Gebirge, worüber die erwähnten Pässe führen; aber dieser Strich ist doch zu schmal, was man z. B. aus dem Berichte Robinsons (III 148) sieht, der 6 Uhr 5 Min. nach *W. fiḳre* kam und schon 6 Uhr 40 Min. am Fuss des Passes stand. — Uebrigens will Lagarde (Mittheil. II 362. Nominalformen 46 f.) Nu. 34, 4 nach LXX u. Targ. חצן für צן lesen.

4) Jos. 11, 17 העלה שעיר, 12, 7 העלה שעירה.

5) So Knobel.

6) So Trumbull 95 f.

7) So Dillmann.

Se'ir bis nach *Ḥorma*"[1]). Allerdings lässt sich die Stadt *Ḥorma* oder, wie sie früher hiess, *Ṣefat* mit grosser Wahrscheinlichkeit in der Ruinenstadt *Sebaita*, südlich von *Elusa*, nachweisen[2]), aber daraus folgt nichts für den östlichen Grenzpunkt des in Frage kommenden Gebietes.

Ebenso wenig Gewinn bietet die Aufzählung der Städte im südlichsten Juda Jos. 15, 21 ff., da die meisten von ihnen nicht mehr identificirt werden können.

Dagegen erfährt — die Richtigkeit einer vorgeschlagenen Textänderung vorausgesetzt — das schon gewonnene Resultat eine Bestätigung durch V. 36 im ersten Cap. des Richterbuches, die desshalb besonders willkommen ist, weil es sich hier um eine alte und werthvolle Quelle handelt. Die Stelle lautet nach dem massorethischen Texte: das Gebiet der Emoriter erstreckt sich von der *'Aḳrabbim*-stiege an, vom Felsen (מֵהַסֶּלַע) an und weiter. Neben *τοῦ Ἀμοῤῥαίου* haben indessen mehrere LXX-Handschriften hier ein *ὁ Ἰδουμαῖος*, das Hollenberg zögernd, Budde mit Bestimmtheit als die ursprüngliche Lesart betrachtet, aus welcher erst durch einen Schreibfehler האמרי entstanden sei[3]). Weiter schlägt Budde die sehr einleuchtende Verbesserung vor, מ in מהסלע als dittographirt zu streichen, wonach der Text folgende Gestalt gewinnt: das Gebiet der Edomiter erstreckt sich von der *'Aḳrabbim*-stiege nach *Hassela'* und weiter hinauf. Ist diese ganze Textänderung richtig, was höchst wahrscheinlich ist, so haben wir theils eine Wiederholung der schon erwähnten Angabe, dass die *'Aḳrabbim*-stiege die Grenze bildete zwischen Israel und Edom, theils eine neue Angabe „nach *Hassela'*". In diesen Worten sucht nun Budde, wie die meisten Anderen, die unten zu erwähnende Stadt *Petra* auf dem Gebirge östlich von der *'Araba*, aber gewiss mit Unrecht. Es ist nämlich, wie wir sehen werden (S. 33 f.), überhaupt zweifelhaft, ob das Wort an irgend einer alttestamentlichen Stelle diese Bedeutung hat, und auf jedem Fall passt sie nicht hier, weil man dadurch eine wirkliche Grenzangabe verlieren würde. Man erwartet einen Punkt

---

[1]) Ohne Zweifel ist בשעיר mit d. LXX in מִשֵּׂעִיר zu ändern, denn sonst würde das edomitische Land zu weit nach Westen reichen, und man vermisst einen *terminus a quo*.

[2]) Seetzen, Reisen III 44. Palmer, Wüstenwanderung 289.

[3]) Zeitschr. f. alttest. Wissenschaft I 102 ff. Budde, Richter u. Samuel 18 f. vgl. auch Lagardes LXX z. St. Budde schlägt vor, V. 36 hinter V. 17 oder 16 zu stellen.

der weiteren Grenze, und so wird es in der That höchst wahrscheinlich, dass *Hasselaʿ* hier dasselbe bedeutet, was in den eben erwähnten Stellen mit *Ḳadeš* bezeichnet wurde, indem die Notiz im Richterbuche den berühmten Felsen (הסלע) in *Ḳadeš* vor Augen hat, der Nu. 20, 8 erwähnt wird[1]). Gemeint ist dann der bei der *Ḳadîs*-quelle sich erhebende Fels, den Trumbull in seinem Berichte erwähnt und beschreibt[2]).

Das Ergebniss, zu welchem alle diese Stellen führen, ist also, dass die Edomiter theils auf dem Gebirge östlich von der *ʿAraba*, zwischen dem Todten Meere und *ʿAḳaba*, theils auf dem Plateau westlich von der *ʿAraba* bis zum *W. fiḳre* und *Ḳadeš* wohnten. Die Grenze zwischen *Ḳadeš* und *ʿAḳaba* wird nicht angegeben, indem es in dieser Wüste wahrscheinlich eine solche überhaupt nicht gegeben hat. Ihre Nachbarn gegen Osten waren die Stämme der syrisch-arabischen Wüste, darunter besonders die Dedaniter; gegen Westen die Amalekiter[3]) und später die Israeliten. Den Schwerpunkt der Ansiedelung bildete, wie schon bemerkt, das östliche Gebirge; der westliche Theil ihres Landes war eine unfruchtbare Wüste, die für ein Volksleben nicht genügte. Doch war er insofern von Bedeutung, als diejenigen, welche ihn beherrschten, zugleich Herren waren über die Handelswege durch die *ʿAraba* und über die Pässe am Südostende des israelitischen Landes. So waren die Israeliten, deren Mittelmeersküste in den Händen der Phönizier war, auch nach dieser Seite hin von jeder grösseren Handelsverbindung abgeschnitten, wesshalb sie, wie wir später sehen werden, wiederholt versuchten, den Edomitern den Hafenplatz *Elat* und die Verkehrsstrassen zwischen ihm und Palästina zu entreissen. —

Unter den Namen, mit welchen das israelitische Volk seinen Nachbar nach Südosten bezeichnete, ist der Name *Edom*[4]) der häufigste. Auch die Assyrer kannten das Volk unter diesem Namen[1]), und ebenso die Aegypter in noch älteren Zeiten[2]). Endlich ist auch die aus *Edom*

[1]) Vgl. Wetzstein bei Delitzsch Jes. 3 698. Trumbull, Kadesh 124. Später hat Wetzstein (Ztschr. f. altt. Wissensch. III 274) nach seiner oben S. 22 besprochenen Auffassung von der Lage von *Ḳadeš*, den Felsen Ri. 1, 36 in *Madura* gesucht.

[2]) Trumbull 273.

[3]) Gn. 14, 7.

[4]) אֱדוֹם, nur einmal (Ez. 25, 14) defectiv geschrieben אֱדֹם; doch muss diese Orthographie ohne ו in den älteren Zeiten die herrschende gewesen sein, wie die häufige Verwechselung mit ארם beweist. Die LXX hat im Pentateuche nur Ἐδώμ, in den übrigen Schriften bald Ἐδώμ, bald ἡ Ἰδουμαία.

entstandene Form *Idumäa* die herrschende bei den griechischen Schriftstellern[3]).

Edom bezeichnet theils das edomitische Volk, theils das von ihm bewohnte Land[4]). Der vollständige Ausdruck für den letzteren Begriff ist אֶרֶץ אֱדוֹם[5]). Für den collectiven Begriff „Edomiter" genügt in der Regel „*Edom*" ohne Zusatz; nur einmal, und zwar in einer späteren, dichterischen Stelle, kommt der Ausdruck „Söhne Edoms" vor, Ps. 137, 7[6]). Rein dichterisch ist die Bezeichnung „Tochter Edom" (Thr. 4, 21. 22), durch welche das Volk als ein junges Weib personificirt wird. Der einzelne Edomiter wird durch die abgeleitete Form אֲדוֹמִי bezeichnet[7]).

Wo das Wort *Edom* Ortsname ist, haben wir natürlich, insofern der Zusammenhang oder nähere Zusätze nicht das Gegentheil beweisen, an das ganze edomitische Gebiet zu denken. Von solchen begrenzenden Zusätzen finden sich nur zwei Fälle. Den einen, wo die „Wüste Edom" die Hochebene südlich von *W. el-aḥsâ* bezeichnet, haben wir schon erwähnt (S. 21). Daneben findet sich der Ausdruck „Gefilde Edoms" (שְׂדֵה אֱדוֹם) Gn. 32, 4. Ri. 5, 4. An ersterer Stelle schickt Jakob Boten „zu Esau, seinem Bruder, nach dem Lande *Se'ir*, nach dem Gefilde *Edoms*." Dass hiermit nicht das wild gestaltete Gebirge östlich von der *'Araba* gemeint sein kann, ist klar, da dies nimmermehr ein שָׂדֶה genannt werden konnte. Entweder steht es, wie מִדְבַּר אֱדוֹם für die Hochebene östlich vom Gebirge, oder es bezeichnet das Hochplateau westlich von der *'Araba* (vgl. Gn. 14, 7). Für diese letztere Auffassung spricht die

---

[1]) *Udumu*; vgl. Winckler, Keilinschriftliches Textbuch S. 12. 22. 32. 42 (S. 30 fehlt es im assyrischen Texte). Schrader KAT[2]/99 f. Delitzsch, Paradies 295. — Eine Stadt *Udumu* erwähnt *Tell-el-Amarna* Lond. *No.* 64 (s. dazu die Ausg. p. LXXX) in einem voraussichtlich aus Südpalästina herrührenden Briefe (Mittheilung Dr. Zimmern's).

[2]) Vgl. Brugsch, Dict. Géogr. 642. ZAW VI S.

[3]) Von *Ἰδουμαῖος*, das aus dem aram. אדומיא, ܐܕܘܡܝܐ entstanden ist.

[4]) Als Volksname ist es *masc.* z. B. Nu. 20, 20 f., selten *fem.* Ez. 32, 29. Mal. 1, 4; als Ländername *fem.* Jer. 49, 17. Ez. 35, 15.

[5]) Gn. 36, 21. 31. Nu. 20, 23. 33, 37. Jes. 34. 6. 1 Ch. 1, 43.

[6]) Vgl. hierüber die interessanten Bemerkungen Nöldekes ZDMG XL 171. Wellh. Skizzen III 177. Uebrigens hat die LXX 1 S. 14, 47 „Söhne Edoms".

[7]) Dt. 23, 8. 1 S. 21, 8, *plur.* אֲדֹמִיִּם. 1 Kg. 11, 17, אֲדוֹמִים. 2 Kg. 16, 6 *Qre.* 2 Ch. 25, 14. 28, 17; *fem.* 1. Kg. 11, 17.

andere Stelle Ri. 5, 4: Jahve kam aus *Se'ir*, aus dem Gefilde *Edoms*, da hier nach den Parallelstellen Dt. 33, 2. Hab. 3, 3 f. (vgl. Ps. 68, 8 f.) nur vom Lande südlich von Palästina und westlich von der *'Araba* die Rede sein kann.

Mit *Edom* wechselt bisweilen das seltenere *Esau*. Es bedeutet doch nirgend das Land, sondern immer das Volk oder seinen Stammvater[1]). Vom Volke, theilweise mit einer Anspielung auf den Stammvater, steht es Jer. 49, 8. 10. Ob. 6. 18. Mal. 1, 2. Dt. 2, 5. Jos. 24, 4. Häufiger als bei *Edom* findet sich der Ausdruck: Söhne *Esaus*, Dt. 2, 4. 8. 12. 22. 29, einmal auch: Haus (Geschlecht) *Esaus*, Ob. 18. Vom „Gebirge *Esaus*" ist die Rede Ob. 8. 9. 19. 21; es bedeutet dasselbe wie das häufigere „Gebirge *Se'ir*".

Recht häufig begegnet uns im Alten Testamente der Name *Se'ir*[2]). Ohne Zusatz steht es entweder vom Lande[3]) oder von dem dort wohnenden Volke[4]). Genauer heisst das Land: Land *Se'irs*[5]) und das Volk: Söhne *Se'irs*[6]). Am häufigsten aber steht das Wort in der Verbindung: Gebirge *Se'ir*[7]). Auf dem Gebirge *Se'ir* wohnt Esau Gn. 36, 8 f.; ihm ist es als

[1]) Auf diese Weise erklärt es sich wohl, dass *Esau* bald mit *Edom* identificirt wird (Gn. 36, 1. 8. 19), bald *Edoms* Vater genannt wird (V. 9. 43). — Zur Form עֵשָׂו vgl. Lagarde, Nominalformen 153, über die Bedeutung s. unten.

[2]) שֵׂעִיר; Lagarde 92 stellt es zum arab. شِعِّير haarig, verwirft aber die Erklärung „struppig, bewaldet", da *Eš-šerâ* gewiss nie ein Waldgebirge gewesen sei, und sieht darin einen ursprünglichen Namen eines Mannes; Nöldeke ZDMG XL 165 vergleicht die Localnamen الاشعر, شِعرَان u. شَعْرَان und den Stamm der الأَشْعَرِيُّونَ

[3]) Gn. 33, 14. 16. Nu. 24, 18. Dt. 1, 44 (vgl. oben p. 24 f.). 2, 4. 8. 12. 22. 29. 33, 2. Jos. 11, 17. 12. 7. Ri. 5, 4. Jes. 21, 11. — Ob das Wort in den *Amarna*briefen als *Scheri* vorkommt, ist leider unsicher, vgl. Ztschr. f. Assyriol. VI 257.

[4]) Ez. 25, 8 neben Moab, Nu. 24, 18, wo es durch „Israels Feinde" erklärt wird (wohl ganz identisch mit *Edom* im parallelen Gliede).

[5]) אֶרֶץ שֵׂעִיר Gn. 32, 4. 36, 30.

[6]) 2 Ch. 25, 11. 14 von der edomitischen Bevölkerung, dagegen Gn. 36, 20. 21 von der horitischen Urbevölkerung, vgl. 1 Ch. 1, 38.

[7]) הַר שֵׂעִיר; das Wort הַר steht hier wie in הַר אֶפְרַיִם, הַר יְהוּדָה u. s. w., während es in הַר גְּרִזִּים und ähnlichen Ausdrücken den einzelnen Berg bedeutet. Gn. 14, 6 hat der samaritanische Text הררי שעיר für das massorethische הררם שעיר und ebenso LXX ἐν τοῖς ὄρεσιν Σηείρ; diese Losart ist natürlicher als die massorethische aber oben wegen des sonst nicht vorkommenden *Pluralis* etwas verdächtig. Vielleicht ist שעיר ein erklärender Einschub.

Eigenthum gegeben, Dt. 2, 5, vgl. 2 Ch. 20, 23, wo „die Bewohner des Gebirges *Se'ir*“ die Edomiter bedeutet. Nach Dt. 2, 1 muss Israel das Gebirge *Se'ir* an der Südseite umziehen, um nicht das edomitische Land zu betreten. Als der eigentliche Wohnsitz der Edomiter steht es dann bisweilén (Ez. 35, 2. 3. 7. 15) für das Land Edom überhaupt, ja beim Chronisten (2 Ch. 20, 10. 22) geradezu für das dort wohnende Volk, neben Moab und den Ammonssöhnen.

Was die Lage dieses Gebirges *Se'ir* betrifft, so macht es Dt. 2, 1 unzweifelhaft, das wir es an der **Ostseite** der *'Araba* suchen müssen. In der That muss das auch die ursprüngliche Bedeutung des Ausdruckes „Gebirge *Se'ir*“ gewesen sein, denn er passt nur auf dies Bergland, während die Hochebene westlich von der *'Araba* viel eher ein שָׂדֶה oder מִדְבָּר genannt werden konnte [1]). Nach Gn. 14, 6 schlägt Kedorla'omer die Troglodyten auf ihrem Gebirge bis nach *'Akaba*; dann erst macht er Kehrt und begiebt sich nach *Kadeš*. Dt. 1, 2 lesen wir: 11 Tagereisen sind es vom *Horeb* „auf dem Wege nach dem Gebirge *Se'ir* bis nach *Kadeš Barnea*“, was nur bedeuten kann, dass hier nicht der directe Weg vom *Horeb* nach *Kadeš*, sondern ein östlicher, der erst auf das Gebirge *Eš-šerâ* lossteuert und dann nach Nordwesten abbiegt, gemeint ist [2]). Nur an der späten Stelle 1 Ch. 4, 42, wo die Simeoniten den Rest der Amalekiter auf dem Berge *Se'ir* schlagen, könnte vielleicht dieser Ausdruck mehr unbestimmt vom *'Azâzime*-Plateau stehen; aber sicher ist es nicht, da die 'Amalekiter möglicher Weise auf dem östlichen Gebirge Aufnahme gefunden hatten [3]).

Muss es also dabei bleiben, dass der Ausdruck „Gebirge *Se'ir*“ jedenfalls in den älteren Schriften überall das Gebirge *Eš-šerâ* bedeutet, so ist es dagegen unzweifelhaft, dass das Wort *Se'ir* **allein** bisweilen die westliche Hochebene umfasst oder ausschliesslich bezeichnet. So Dt. 33, 2,

---

[1]) In seiner Geschichte I 122 beschränkt Stade geradezu das Gebirge *Se'ir* auf die Gegend westlich von der *'Araba*; dagegen heisst es in seinem und Siegfrieds Wörterbuche s. o.: *Se'ir* Name des vom Volke der Edomiter bewohnten Gebirges südlich vom Todten Meere (das heutige *Gibal* und *Eš-šerâ* umfassend).

[2]) Die Zahl der Tagereisen stimmt in diesem Falle mit der der neueren Itinerare; die Tagereisen von der Sinaigegend direct nach *Kadeš* scheinen 9 zu betragen, vgl. Ritter, Erdkunde XIV 830 ff.

[3]) Vgl. hierüber Nöldeke in Benfeys Orient II 630 und weiter unten.

wo es neben Sinai, Gebirge *Paran* und *Ḳadeš* genannt wird[1]), und Ri. 5, 4, wo es neben „Gefilde Edoms“ steht (p. 28); ferner wohl auch Gn. 32, 4, wenn hier „Gefilde Edoms“ das Land westlich von der *'Araba* bedeutet, vgl. 33, 14. 16 und oben S. 27; endlich erinnern wir noch an Jos. 11, 17. 12, 7, wo es ganz allgemein das edomitische Gebiet zu bedeuten scheint (vgl. S. 24). Dieser Sprachgebrauch erklärt sich vielleicht dadurch, dass *Se'ir* als Hauptsitz Edoms allmählich Synonym für „Edom“ wurde und so in demselben Umfang gebraucht werden konnte[2]).

Zu den Namen, die ebenfalls ursprünglich einen Theil des edomitischen Gebietes bezeichneten und dann weiteren Umfang gewannen, gehört auch das Wort *Têman*. Es findet sich, von den Geschlechtsverzeichnissen Gn. 36. 1 Ch. 1 abgesehen[3]), nur bei den Propheten, wo es im Parallelismus des dichterischen Rhythmus mit *Edom* oder ähnlichen Gesammtnamen wechselt, vgl. Jer. 49, 7. 20. Ob. 9 und wohl auch Am. 1, 12. Dass es aber ursprünglich eine bestimmte edomitische Gegend und den dort wohnenden Stamm bedeutete, beweisen einerseits Gn. 36, 11, wo *Têman* der Sohn *Eliphaz*' ist, andererseits die Drohung Ez. 25, 13: Edom soll vernichtet werden von *Têman* bis nach *Dedan*. Da nun *Dedan* ein Beduinenstamm südöstlich vom edomitischen Gebirge war[4]), so scheint man *Têman* an der nordwestlichen, bez. nördlichen oder westlichen, Seite Edoms suchen zu müssen. Jedenfalls macht es diese Stelle unmöglich, *Têman* am Ostufer des ailanischen Golfs, in der Landschaft *Ḥismâ* und gegen *Têmâ* und *Tebûk* hin zu suchen, wie Wetzstein es that[5]). Für eine Lage westlich von der *'Araba* würde Hab. 3, 3 sprechen, wenn hier wirklich

---

[1]) Bekanntlich muss hier מִמְּרִיבַת קָדֵשׁ od. dgl. gelesen werden.

[2]) Allerdings ist Ri. 5, 4 eine sehr alte Stelle, aber die edomitische Ansiedelung war selbst viel älter, so dass eine solche Uebertragung damals schon möglich war. Doch kann man auch die Möglichkeit zugeben, dass *Se'ir* ursprünglich die ganze edomitische Ansiedelung bezeichnete, wenn nur daran festgehalten wird, dass das „Gebirge *Se'ir*“ östlich von der *'Araba* lag.

[3]) Hier findet man auch das Adjectiv אֶרֶץ הַתֵּימָנִי Land der Temanäer, Gn. 36, 34. 1 Ch. 1, 45.

[4]) Ueber die angebliche von *Jâḳût* erwähnte Ruinenstadt *Dêdân* an der Grenze der *Belḳâ* gegen den *Ḥiġâz* hin s. Wetzstein bei Delitzsch, Jes. [2] 700, und bes. Hiob [2] 592. Leider ist die Erwähnung Dedans auf der *Meša*-Stelle nicht sicher, s. Smend u. Socin 29. Vergl. auch Glaser, Skizz. d. Gesch. Arabiens II 397.

[5]) Bei Delitzsch, Hiob [2] 591. Ebenso unrichtig ist es, wenn er (bei Delitzsch, Jes. [3] 704) *Têman* mit „Mittagsland“ übersetzt und mit Edom im Allgemeinen identificirt.

die Rede von *Têman* wäre[1]; aber möglicherweise steht das Wort an dieser Stelle in seiner appellativischen Bedeutung „Süden". Nach Eusebius und Hieronymus war *Têman* eine Gegend in dem „gebalitischen Gebiete." Ausserdem erwähnen sie eine zu ihren Zeiten existirende Stadt *Têman*, 5 röm. Meilen (nach Eusebius 15 Meilen) von *Petra* entfernt, die als römische Militärstation diente[2]. Von dieser Stadt sind alle Spuren verschwunden, und die Angabe über die Landschaft *Têman* ist wohl, wie in vielen Fällen, dem Alten Testamente selbst entnommen, indem damals *Gebalene* so viel als das alte *Idumäa* bedeutete. Unter solchen Umständen muss man auf eine nähere Bestimmung der Lage *Têmans* verzichten.

In seinem Commentare zu Jes. 21, 11 bemerkt Hieronymus zum Worte *Dûmâ*: est autem Duma non tota Idumaea provincia, sed quaedam ejus regio, quae ad austram vergit et ab urbe Palaestinae, quae hodie dicitur Eleutheropolis, viginti distat millibus, juxta quam sunt montes Seir. Wenn man diese Bemerkung als wirkliche Erläuterung der jesajanischen Stelle citirt, erweist man ihr eine zu grosse Ehre. Sie beruht nämlich einfach darauf, dass Hieronymus die späteren Zeiten vor Augen hatte, wo Idumäa das südliche Juda bezeichnete und also auch das Jos. 15, 52 genannte *Dûmâ* umfasste[3]. Für die alten Zeiten, wo Edom noch in seinem eigenen Lande wohnte, hat sie desshalb keinen Werth. Wie es sich in Wirklichkeit mit dem jesajanischen *Dûmâ* verhält, ist unsicher. An *Dumat-el-ǵandal* oder *El-ǵôf*[4] kann man nicht denken, da dies mit Edom nichts zu thun hatte. In der LXX wird das Wort mit *Idumäa* übersetzt, und im Allgemeinen ist das wohl auch der Sinn, nur dass das Wort ein künstlich gebildetes zu sein scheint, das zu gleicher Zeit auf Edom und auf „Stillschweigen" anspielen sollte[5].

---

[1]) So Trumbull, Kadesh Barnea 118, der es mit dem Passe *El-jemen* (s. p. 24) zusammenstellt.

[2]) Onomast. ed. Lagarde 155 f. 260. Die hier erwähnte Militärstation kommt in der *Notitia dignitatum* vor als „Cohors quarta Palaestinorum *Thamanae*" (Reland. Pal. 231). Wetzstein (Delitzsch, Hiob 591) spricht als Vermuthung aus, dass es das „Süd"-Fort von Petra gewesen sei. Im Alten Testamente könnte man bei *Têman* Am. 1, 12 an eine Stadt denken, aber nothwendig ist es keineswegs, wie 2, 2 zeigt: ich lasse Feuer los gegen *Moab*.

[3]) Vgl. Onomast. 250, 66. 116, 4, wo die Entfernung von Eleutheropolis genauer als 17 Meilen angegeben wird; über das jetzige *Daume* s. Guérin, Judée III 359 f.

[4]) Euting, Nabatäische Inschriften 6.

[5]) Kuenen, Onderz. 2 II 53 u. A.

Die zum edomitischen Lande gehörende *'Araba*-Niederung wird im Alten Testamente unter demselben Namen *'Araba* erwähnt, vgl. Dt. 2, 8. Aber bei den Hebräern war dieser Name umfassender als der jetzige Name *'Araba,* indem er auch die Fortsetzung der Niederung nach Norden, das jetzige *El-ġôr* umfasste.

Nur im Vorübergehen erinnern wir hier an den Namen *Gebâl*, der Ps. 83, 8 vorkommt. Damit ist wahrscheinlich das edomitische Gebirge gemeint, aber der rein arabische Name (*ġibâl* Berge) ist erst zu einer Zeit entstanden, da die Edomiter durch arabische Stämme aus ihren eigentlichen Wohnsitzen verdrängt waren, also in nachexilischer Zeit. Für die folgende Zeit wurde dann diese Benennung die herrschende, und findet sich in den palästinensischen Targumen und bei den Syrern als Uebersetzung von *Se'ir*[1]), im Talmud[2]), bei Eusebius als *Gebalene*[3]) und bei Josephus als *Γοβολῖτις* und *Γαβαλῖται*[4]). Dass der Name endlich bei den Arabern an dem nördlichsten Theile des Gebirges hängen geblieben ist, wurde schon oben p. 3 erwähnt[5]). —

Von edomitischen Städten werden im Alten Testament nur wenige erwähnt, und von diesen lässt sich eigentlich nur eine einzige mit Sicherheit identificiren.

Die prachtvollen Ruinen in dem oben erwähnten *Wadi mûsâ,* die so viele Reisende verlockt haben, sich der Feindlichkeiten der jetzigen rohen und räuberischen Bevölkerung auszusetzen[6]), legen die Frage nahe, ob es möglich wäre, diesen Hauptort des nabatäischen Reiches im Alten Testamente nachzuweisen. Leider kommt aber hier eine genaue Untersuchung zu einem nur negativen Resultat. Mit voller Sicherheit lässt

---

1) Levy, Targum Wb. 1 123. Payne Smith 642 und der Syr. zu Sir. 50, 25.

2) Neubauer, Géographie du Talmud 67.

3) Onomast. 125. 130 f. 137 u. ff.

4) Jos. Arch. 2, 1, 2. 3, 2, 1. 9, 9, 1. Ueber die Verbindung, in welche Josephus hier die Amalekiter mit Gebal bringt, s. Nöldeke in Benfays Orient u. Occident II 632.

5) Vgl. Gesenius zu Burckhardts Reisen 1066 und Thesaurus 258.

6) Beschreibungen der Ruinen bei Burckhardt 704 ff. Laborde Journey 152 ff. Laborde et Linant, Voyage dans l'Arabie Pétrée 1830. Irby and Mangles. Travels 123 ff. Visconti 320 ff. Robinson III 62 ff. Luynes I 282 ff. und d. Atlas Pl. 44—49. Palmer, Wüstenwanderung 339 ff. Bädeker, Palästina 147 ff. Doughty, Travels I 40 f. Ritter, Erdkunde XIV 110 3 ff.

sich die von den Griechen *Petra*, *ἡ Πέτρα* oder *αἱ Πέτραι* genannte Stadt[1], als mit jenen grossartigen Ruinen identisch erst kurz vor Christus bei Strabo nachweisen. Strabos, auf den Mittheilungen seines Freundes, des Philosophen Athenodorus, ruhende Beschreibung der Hauptstadt der Nabatäer in einer von schroffen Felsen umgebenen, an Wasser reichen und mit Gärten geschmückten Ebene, passt so schlagend auf die Ruinen von *W. Mûsâ*, dass hier jeder Zweifel ausgeschlossen ist[2]. Höchst wahrscheinlich ist es auch, dass die von Agartharchides (120 v. Chr.) erwähnte Hauptstadt *Petra* ebenfalls mit der Stadt in *W. Mûsâ* identisch ist[3]. Ob dagegen, wie in der Regel einfach vorausgesetzt wird, die von Diodorus Siculus berichteten Kriegszüge Athenäus' und Demetrius' gegen die Nabatäer im Jahre 312 v. Chr. auch die Stadt *Petra* als Ziel gehabt haben, ist nicht nur zweifelhaft, sondern im höchsten Grade unwahrscheinlich. Nach Diodor[4] schickte Antigonus seinen Feldherren Athenäus gegen die arabischen Nabatäer, um ihr Land zu erobern. Athenäus benutzte einen Zeitpunkt, wo eine religiöse Volksfeier die Bewohner an einem bestimmten Punkte des Landes versammelte. Bei ihrem Weggange hatten sie ihre Greise, Kinder und Weiber nebst ihrer Habe auf „einem Felsen" zurückgelassen, der, obschon nicht ummauert, sehr fest war, und zu welchem nur ein einziger, mit Kunst gemachter Weg hinauf führte; er lag 2 Tagereisen vom bewohnten Lande entfernt[5]. Athenäus zog aus der Provinz Idumäa in 3 Tagen und 3 Nächten dahin[6], überrumpelte den Ort und machte eine reiche Beute an Weihrauch und Silber. Aus Furcht vor den Nabatäern verliess das Heer sofort den Felsen, wurde aber, nachdem es in einer Entfernung von 200 Stadien Lager geschlagen hatte, plötzlich von den inzwischen benachrichtigten Nabatäern überfallen und vollständig aufgerieben. Antigonus schickte nun seinen Sohn Demetrius

[1]) Vgl. Renand. Pal. 215. 217. 533. 927 f.

[2]) Strabo XVI 779.

[3]) Vgl. C. Müller, Geographi Graeci minores. I 1855. 176 f.

[4]) Diodor. Sic. XIX 94—97. Vgl. Droysen, Gesch. d. Hellen. [2] II 2, 55 ff.

[5]) Diod. XIX 95 . . . *ἀπολιπόντες ἐπί τινος πέτρας τὰς κτήσεις . . . . τὸ δὲ χωρίον ὑπῆρχεν ὀχυρὸν μὲν καθ' ὑπερβολήν, ἀτείχιστον δὲ καὶ τῆς οἰκουμένης ἀπέχον δυοῖν ἡμερῶν ὁδόν.* 97 *εἰς μὲν τὴν πέτραν ἀπέθεντο τὰς ἀποσκευὰς καὶ φυλακὴν τὴν ἱκανὴν ἐπέστησαν, οὔσης μιᾶς ἀναβάσεως χειροποιήτου.* Vgl. dieselbe Darstellung II 48.

[6]) Ueber die unmöglichen Distanzangaben Diodors vgl. Ritter, Erdk. XIV 73. 89 f.

mit einem neuen Heere gegen die Nabatäer. In Eilmärschen durchzog er in 3 Tagen ein ödes Land, kam aber doch zu spät, indem die Feinde ihre Habe auf jenem Felsen in Sicherheit gebracht und dort eine genügende Besatzung aufgestellt hatten. Demetrius versuchte eine Belagerung, aber die höher stehenden Vertheidiger schlugen mit Leichtigkeit den Angriff zurück. Zuletzt kam es zu Friedensunterhandlungen, in Folge deren Demetrius die Belagerung aufhob und nach dem 300 Stadien entfernten Todten Meere zog, wo er Lager schlug.

Vergleicht man diesen Bericht mit der Lage *W. Mûsâs,* so muss man doch bekennen, dass eine vollständigere Verschiedenheit kaum denkbar ist. Statt des Thales der Stadt *Petra* mit seinen beiden Eingängen nach Norden und Süden (p. 6), haben wir einen nicht befestigten Felsen, der höher ist als die nächste Umgebung, und zu dem nur ein einziger Kunstweg führt[1]). Ausserdem ist *Petra* bei Diodor nicht Eigenname, sondern bezeichnet einen Felsen, der als Zufluchtort diente, wie die S. 33 mitgetheilten Citate deutlich zeigen. Unter den jetzt bekannten Ortschaften des edomitischen Gebirges passt die Beschreibung dagegen, wie schon Ritter bemerkt hat, ganz vorzüglich auf die Lage *Šôbaks,* des berühmten *Mont-royal* (*Mons regalis*) der Kreuzfahrerzeit, der auf einem isolirten Felsen liegt, wozu nur ein künstlich gemachter Weg führt[2]). Auch Ritters fernere Vermuthung, jene religiöse Volksansammlung habe in dem späteren *Petra* stattgefunden, ist nicht unwahrscheinlich; die Entfernung, welche der Ueberfall der Nabatäer in derselben Nacht voraussetzt, passt, und dass der Berg *Hor* schon in alten Zeiten religiöse Bedeutung als Heiligthum gehabt hat, ist sehr wahrscheinlich.

Werfen wir nun den Blick auf das Alte Testament, so begegnet uns die weit verbreitete Auffassung, dass die spätere Stadt *Petra* hier unter dem Namen הַסֶּלַע vorkomme. In den meisten Fällen ist diese Meinung entschieden falsch. Von der Stelle Ri. 1, 36 war schon oben p. 25 f. die Rede. Jes. 42, 11 steht das Wort ganz allgemein in der Bedeutung „Felsen“ als Wohnstätte wilder Stämme. Jes. 16, 1 ist ein so dunkler

---

[1]) Mit Recht bemerkt schon Irby (Travels 132): it is difficult to apply this description to Wadi Mousa.

[2]) Vgl. oben p. 14, Ritter, Erdkunde XIV 90 und über *Šôbak* im Mittelalter Robinson III 120. Die Vermuthung Burckhardts 695 f., dass *Carcaria* (Onomast. 272, 63. 110, 16) *Šôbak* sei, ist recht wahrscheinlich.

Vers, dass eine sichere Erklärung gar nicht gegeben werden kann; aber so viel scheint jedenfalls deutlich, dass die gewöhnliche Erklärung, wonach die Moabiter ihren Lämmertribut nach der edomitischen Stadt *Selaʿ* und von da durch die Wüste nach Jerusalem schicken sollen, gerade durch die ganz ungehörige geographische Genauigkeit, die einem Spediteuren besser stünde als einem Propheten, das Richtige nicht treffen kann [1]). Uebrig bleibt nur der Bericht 2. K. 14, 7 über Amasjas glücklichen Kampf mit den Edomitern, in welchem er הַסֶּלַע erobert, wonach er dem Orte den Namen *Joḳteʾel* giebt [2]). Der Chronist, über dessen Parallelbericht unten die Rede sein wird, fasst dieses הַסֶּלַע in die Bedeutung „Fels", und in der That zeigt der Artikel, dass wir es hier mit einem Orte zu thun haben, der seiner natürlichen Beschaffenheit nach „Fels" genannt werden konnte [3]). Dabei gerade an die spätere Hauptstadt *Petra* zu denken, nöthigt uns in Wirklichkeit nichts, und zwar um so weniger, als wir Antigonus' Angriffe sich gegen einen anderen Punkt richten sahen, ohne auf *Petra* Rücksicht zu nehmen. Auch hier wäre es nicht ausgeschlossen, wieder an jenen „königlichen Berg" *Šôbak* zu denken, aber das Land war so reich an Felsen, dass eine solche Combination nur eine Möglichkeit unter vielen bleibt. Nur scheinen die damaligen geschichtlichen Verhältnisse überhaupt, wie sich später zeigen wird, darauf hinzudeuten, dass die von Amasja eroberte Oertlichkeit eher ein für die Handelszüge wichtiger Punkt als die Hauptstadt des Landes gewesen ist [4]).

Kommen wir also zu dem Resultat, dass die später so berühmte

---

[1]) Ueberhaupt ist die herrschende Auffassung von V 1 kaum möglich, da der Zusammenhang mit V 3 dann durch V 2 (die ängstliche Flucht der Weiber) zerrissen wird. Wahrscheinlich schilderte auch V 1 ursprünglich die Flucht der Moabiter in einer Textform, von welcher viell. die LXX Spuren erhalten hat.

[2]) LXX *Ιεκθοηλ*, bei Lagarde *Καθοηλ*; vgl. über die Bedeutung des Namens Wetzstein bei Delitzsch Jes. [3] 703. Köhler, Biblische Gesch. d. A. B. II 2, 351 f.

[3]) סֶלַע bedeutet ein scharf abgeschnittener Fels oder eine schroffe Felsenwand, vgl. Wetzstein, Ztschr. f. alttest. Wissensch. III 273, wo er seine früheren Bemerkungen bedeutend modificirt.

[4]) Wenn die Araber den Namen *Selaʿ* als den einer Festung in *W. Mûsâ* kennen (z. B. Jâcût III 117 حصن بوادى موسى بقرب البيت المقدس), ist dieser Name wohl entweder d. A. T. nach späterer Auslegung entnommen, oder wir haben hier das appellativische Originalwort für das griechische *Petra;* das in *Abû šâmas* Geschichte *Ṣalâḥaddîn*'s erwähnte *Salʿ* sucht Goergens, Arab. Quellenbeitr. z. Gesch. d. Kreuzzüge I 71 bei *Kerak*.

Stadt *Petra* mit dem alttestamentlichen *Selaʿ* nichts zu thun habe, so fragt es sich, ob sie vielleicht unter einem anderen Namen im Alten Testamente nachzuweisen sei. Nun spielt unter den wenigen Städten Edoms, die das Alte Testament namhaft macht, keine eine so grosse Rolle wie *Boṣra*. Ausser Gn. 36, 33, wo wohl das edomitische *Boṣra* gemeint ist, findet sie sich mehrmals bei den Propheten. So Am. 1, 12: Ich schicke Feuer gegen *Têman*, und es verzehrt die Steinhäuser in *Boṣra*; ferner Jer. 49, 22 und besonders V. 13, wo von den Städten *Boṣras* d. h. den Töchterstädten der Hauptstadt die Rede ist: endlich Jes. 34, 6: eine Opferschlacht hat Jahve in *Boṣra* und eine grosse Schlachtung im Lande Edom [1]). Offenbar handelt es sich hier um eine Hauptstadt des edomitischen Volkes. In diesem *Boṣra*, das natürlich mit dem hauranitischen *Bostra* nichts zu thun hat, will nun Wetzstein die Vorgängerin der späteren Stadt *Petra* suchen [2]). Aber auch gegen diese, sehr geistreich ausgeführte Hypothese sprechen schwerwiegende Gründe. Eusebius, der *Petra* häufig erwähnt, bemerkt einmal: *ἔστι δὲ καὶ ἄλλη νῦν Βοσὸρ πόλις τοῦ Ἡσαῦ ἐν ὄρεσι τῆς Ἰδουμαίας* [3]), weiss also nichts von der Identität beider Städte. Noch wichtiger aber ist es, dass die nabatäische Hauptstadt *Petra* nach Josephus und nach Eusebius ursprünglich den Namen *Reḳem* trug [4]). Dasselbe findet sich auch im Targum und in der syrischen Uebersetzung, wo das nach *Petra* verlegte *Ḳadeš* רְקָם oder רְקָם גֵּיאָה (ܪܩܡ od. ܪܩܡ ܕܓܝܐ) genannt wird. Wetzstein sieht in diesem *Reḳem* das griechische *ῥῆγμα*, Felsenspalt, so dass es also ein junger griechischer Name wäre. Aber abgesehen von dem Unsicheren in dieser Erklärung, gegen welche besonders der Umstand spricht, dass *Reḳem* nur in aramäischen Texten vorkommt, ist es von Bedeutung, dass Josephus von

---

1) Ueber Jes. 63, 1 ff. s. unten.

2) Wetzstein bei Delitzsch Jes. 3 696 ff. Wenn Wetzstein weiter *Petra* mit סֶלַע 2 Kg. 14, 7 identificirt, und als den ursprünglichen Namen בָּצְרַת הַסֶּלַע vermuthet, hat er übersehen, dass *Selaʿ* von Amasja erobert wurde, während *Boṣra* bei dem gleichzeitigen Amos als freie edomitische Stadt erscheint.

3) Onomast. 232, 58. Hieronymus übersetzt (102, 18) *adpellatur autem et alia Bosor*, ob das aber eine bewusste Correctur sein soll, ist sehr zweifelhaft.

4) Josephus Arch. 4, 7, 1 *Ἀρεκέμη*, wonach wohl *Ἀρκή* 4, 7 zu ändern sein wird. Eusebius hat (Onomast. 228, 55. 98, 3) nach Josephus *Ἀρκεμ*, *Arcem*, sonst (286, 71. 287, 94. 145, 9. 146, 1) *Ῥεκεμ*, *Recem*. Josephus leitet den Namen von רקם Nu. 31, 8 ab.

Boṣra als dem früheren Namen *Petras* nichts weiss, und noch mehr, dass die erwähnten aramäischen Uebersetzer an einzelnen Stellen jenes *Reḳem* durch das hinzugefügte *Gea* od. *Geja* näher bestimmen. Man darf wohl dies *Geja* mit dem von Eusebius[1]) erwähnten *Γαια* „einer Stadt bei *Petra*", und beide mit dem oben S. 8 erwähnten Dorfe *El-ġî* bei *Wadi mûsâ* identificiren[2]). Dann aber kann eine Stadt, die nach ihrer Lage neben einer anderen näher bestimmt wird, nicht wohl die alte Hauptstadt des Landes gewesen sein.

Unser Ergebniss wäre also, dass die spätere Hauptstadt *Petra* im Alten Testament nirgends erwähnt wird, und dass sie überhaupt eine verhältnissmässig junge Stadt ist, vielleicht zuerst durch das auf dem Berge *Hor* befindliche Heiligthum entstanden[3]). Das alttestamentliche *Boṣra* wird man dagegen in Ermangelung einer besseren Erklärung mit dem jetzigen Dorfe *Buṣêra* (eig. Klein-*boṣra*) im nördlichen Theile des Gebirges (S. 11) zusammenzustellen haben. Das jetzige Dorf ist unbedeutend und bestand, als Burckhardt es besuchte, aus nur 50 Häusern mit einem kleinen Kastelle auf einer Anhöhe. Aber es finden sich dort *tall standing* (*Romans*) *ruins* (Dougthty), aus welchen Burckhardt schloss, dass es in alten Zeiten eine beträchtliche Stadt gewesen sein muss. Dass es jetzt Klein-*boṣra* genannt wird, ist wohl nur eine Folge davon, dass man dies herabgekommene *Boṣra* von dem berühmten im Haurân unterscheiden wollte[4]).

Ob das nördlich von *Buṣêra*, in sehr fruchtbaren Umgebungen liegende grosse Dorf *Eṭ-ṭafîle* mit dem Dt. 1, 1 erwähnten *Tophel* combinirt werden darf, ist wegen des zu T nicht stimmenden *ṭ* zweifelhaft[5]).

Die Stadt *Punon* Nu. 33, 42 f., die Gn. 36, 41 unter dem Namen

---

[1]) Onomast. 241, 58. 125, 12.

[2]) Vgl. ZDPV VIII 121.

[3]) In diesem Zusammenhange darf daran erinnert werden, dass Robinson III 81 vergeblich nach alten Felsenkammern in *Petra* suchte, welche als Wohnungen gedient haben könnten, während Doughty I 41 nur ganz wenige fand, von denen dies anzunehmen wäre.

[4]) Burckhardt 683. Doughty I 31. 38. Robinson III 125. Bädeker, Pal. [3] 153. Irby and Mangles 136, b.

[5]) Burckhardt 677, Luynes I 252. Vgl. auch Onomast. 156, 13: Thafol locus in deserto trans Jordanum, contra Jericho.

Fînon als edomitischer Stamm auftritt, lag nach Eusebius[1]) in kupferreicher Gegend zwischen *Petra* und *Ṣoar*, also im nördlichen Theile des Gebirges. Man kann sie wohl mit dem von Seetzen[2]) erwähnten Ruinenort *Ḳal'at phenân* zusammenstellen, der aber von keinem Reisenden besucht worden ist.

Von den Gn. 36, 31—39 mitgetheilten Heimathsorten der edomitischen Könige lässt sich, mit Ausnahme von *Boṣra*, keine mit Sicherheit nachweisen, zumal es nicht feststeht, ob damit überall edomitische Städte gemeint sind. *Reḥobot hannahar* V. 37 war nach Eusebius ein Fort in Gebalene, wozu nach Hieronymus eine bedeutende Stadt gehörte; man könnte es mit Seetzens *Ruêbha* zusammenstellen, aber freilich macht *Hannahar* es sehr zweifelhaft, ob an jener Stelle ein edomitischer Ort gemeint sein kann, da hier keine grösseren Flüsse vorkommen[3]).

Zu *Mibṣar* Gn. 36, 42 bemerkt Eusebius, dass zu seiner Zeit noch ein bedeutender Ort *Mabsara* existirte, der unter *Petra* gehörte[4]). Man könnte es vermuthungsweise mit dem S. 9 erwähnten *Ṣabra* südlich von *Petra* zusammenstellen. Ob dagegen das Ps. 108, 11 neben Edom erwähnte *Mibṣar* (wofür Ps. 60, 11 מצור hat) Eigenname sein soll, ist sehr zweifelhaft.

Vollständig sicher ist die Identität von *'Aḳaba* an der Nordostspitze des älanitischen Golfs mit dem im Alten Testamente öfter erwähnten *Êlat*. An dieser Stelle liegt jetzt eine ägyptische Festung, ein längliches Viereck mit hohen Mauern und einem Thurm an jeder Ecke; das ungeheure Portal mit massiven eisenbeschlagenen Thüren befindet sich an der Nordwestseite. Etwas nördlicher davon, unmittelbar an der Küste, trifft man ausgedehnte Schutthaufen, die Ueberreste einer vollständig verschwundenen Stadt. Die Festung liegt an der grossen Pilgerstrasse, die Mekka mit Aegypten verbindet[5]). Der Name des Forts *'Aḳaba* ist eine

---

[1]) Onomast. 299, 85. 123, 9.

[2]) Seetzen, Reisen III 17.

[3]) Onomast. 286, 77. 141, 75, Seetzen III 17, vgl. Dillm. z. St. — Ganz unsicher ist die Zusammenstellung von *Pa'u* Gn. 36, 39, in d. LXX *Φογωρ*, mit *El-phanara*, Seetzen III 18.

[4]) Onomast. 277, 63. 137, 11. Auch an *Saburra, sive Veterocaria* der Notit. dign. (ed. Böcking. p. 346) mag hier erinnert werden.

[5]) Robinson I 269. Beke, Sinai in Arabia 1878. 372. Luynes I 261 ff. Bädeker, Unterägypten 535. Doughty I 44 f. Hull, Mount Seir 71 ff.

Abkürzung von *'Akabat aila*, der Gebirgszug bei der Stadt *Aila*[1]). Nach Josephus[2]) bekam die Stadt in der griechischen Zeit den Namen *Berenice*; aber hier, wie meistens im Orient, hat der griechische Name wieder dem alten semitischen weichen müssen. *'Aila*[3]) entspricht nämlich dem alttestamentlichen *Êlat* mit seinen Nebenformen *Êlôt, Êla* (Gn. 36, 41) oder vollständiger *Êl paran* (Gn. 14, 6), Namen, die wahrscheinlich alle auf die vielen, von alten und neueren Reisenden beschriebenen Palmen dieses Ortes anspielen[4]). Die Stadt, die *Mukaddasi*[5]) treffend „den Hafen Palästinas und den Waarenplatz für *Hiǵâz*" nennt, war mit ihrer alten Nachbarstadt *'Eṣjon geber* Gegenstand eifriger Kämpfe zwischen den Edomitern und den Israeliten, indem diese in den Besitz dieser Häfen zu kommen suchten, um auf dem rothen Meere den Seehandel zu treiben, den die Phönizier ihnen auf dem Mittelmeere vorweg genommen hatten. Noch höher stieg die Bedeutung der Stadt, als der Seeweg des rothen Meeres an die Stelle der alten Karawanenwege durch Arabien trat. Unter der arabischen Herrschaft ging dagegen die Stadt allmählich zu Grunde und ist jetzt verschwunden bis auf die Festung, die als Sitz eines Gouverneurs und einer Besatzung dient[6]).

In unmittelbarer Nähe von *Êlat* lag nach dem Alten Testament der Ort *'Eṣjon geber*[7]), vgl. 1 K. 9, 26: *'Eṣjon geber* bei *Êlat* an der Küste

---

[1]) Idrisi, Ztschr. d. deutsch. Pal. Ver. VIII 121.

[2]) Jos. Arch. 8, 6, 4. Nach der gewöhnlichen Annahme war es *'Eṣjon geber*, das *Berenice* genannt wurde; Niese hat aber folgenden Text aufgenommen *ἔν τινι τόπῳ λεγομένῳ Γασίων Γάβελος οὐ πόῤῥω Ἰλάνεως πόλεως, ἣ νῦν Βερενίκη καλεῖται*, was auch aus sachlichen Gründen vorzuziehen sein wird.

[3]) Mukaddasi hat (ZDPV VII 171) daneben auch die Form *Waila* s. darüber Wetzstein bei Delitzsch, Hoheslied u. Koh. 168.

[4]) Dt. 2, 8. 1 Kg. 9, 26. 2 Kg. 14, 22. 16, 6. (vgl. Thenius z. St.) 2 Ch. 8, 17. 26, 2. Gn. 14, 6. 36, 41. In den LXX *Αἰλαθ*, *Αἰλων*, *Αἰλωμ*, *Αἰλαμ*, *'Ελωθ*, Josephus Arch. 9, 12, 1 *'Ηλαθους*, 8, 6, 4 *'Ιλάνεως* (vgl. Niese), bei den christlichen Schriftstellern *Αἰλα* vgl. Onomast. 210, 75. 84, 25 und weiter Lagarde Nominalformen 157.

[5]) ZDPV VII 171 f.

[6]) Journ. asiat. 1835. 44—53. Robinson I 279 ff. Ritter, Erdkunde XIV 113 f.

[7]) עֶצְיוֹן גֶּבֶר Nu. 33, 35 f. Dt. 2, 8. 1 Kg. 9, 26. 22, 49. 2 Ch. 8. 17. 20, 36. LXX *Γασιων Γαβερ*, Josephus Arch. 8, 6, 4 *Γασιων Γαβελος*. Nach Lagarde, Nominalformen 157, ist עֶצְיוֹן so viel als das arabische غَضْيَاء, ein Ort, wo der Baum غَضًا in Menge wächst; vgl. über diese in der *'Araba* häufige Pflanze Burckhardt 730. 733. Robinson III 43. Palmer, Wüstenwanderung 333.

des Schilfmeeres im Lande Edom. Er war in den ältesten Zeiten die eigentliche Hafenstadt, in welcher Salomo und Josaphat ihre Schiffe bauen liessen. Später verlor diese Stadt aber ihre Bedeutung und trat hinter *Elat* vollständig zurück. Schon 2 Kg. 14, 22. 16, 6 ist nur von *Elat* die Rede, und der Verfasser von 1 Kg. 9, 26 fühlt sich veranlasst die Lage mittels der des bekannten *Elat* anzugeben. Dasselbe thut auch Josephus [1]. Eusebius referirt als Meinung Anderer, dass der Ort zu seiner Zeit *Ἀσία* oder *Ἀσία* (Hieron. *Essia*) hiesse [2]. Später erwähnt ihn Makrizi unter dem Namen *'Asjûn*, aber nur als eine ehemals bedeutende Stadt [3]. Jetzt ist er total verschwunden. Robinson meinte den Namen wieder zu finden in *W. ġadjân*, einem Thale mit salzigem Wasser, das sich von der *'Araba* in die westlichen Berge in einiger Entfernung nördlich von *'Akaba* hinaufzieht [4]. Aber man erwartet eine Stadt unmittelbar an der Küste, und auch die Buchstaben stimmen nicht, wenn Lagardes Erklärung des alten Namens richtig ist. Nach den localen Verhältnissen wäre eine Lage an der kleinen Bai nördlich von der Mündung der *W. marâch* sehr passend [5].

Ostsüdöstlich von *Wadi mûsâ* liegt an der Pilgerstrasse, welche von Damaskus nach Mekka führt, schon ganz von der Wüste umgeben die für die Verproviantirung der Pilger wichtige Ortschaft *Ma'ân* (vgl. p. 13). Sie besteht aus zwei, etwa eine Viertelstunde von einander entfernten Städten, Klein-*Ma'ân* oder *Šemije*, der nördlichen, und Gross-*Ma'ân* oder *Ḳiblije*, der südlichen. Das Aussehen beider Städte ist ganz gleich: niedrige aus Lehm gebaute Hütten, schmale Gässchen mit vielem Schmutz, einige Felder und Gärten von Quellen bewässert. Die Bewohner sind als arges Raubgesindel berüchtigt und leben in fortwährenden gegenseitigen Kämpfen, so dass sie kaum ihre Häuser zu verlassen wagen, aus Furcht vor den Nachbarn, ja sogar in ihren Gartenmauern keine Thüren, sondern Löcher, ziemlich hoch oben, haben, durch welche sie hineinschlüpfen. Wenig

---

[1] Jos. Arch. 8, 6, 4.

[2] Onomast. 227, 44. 241, 53. 97, 21. 125, 7.

[3] Burckhardt 831.

[4] Robinson III 280. Eine Photographie der dortigen Quelle findet sich bei Hull, Mont Seir 83. Vgl. auch Visconti, Diario 301.

[5] Vgl. Robinson I 263 ff. Hier findet sich in kurzer Entfernung von der Küste eine kleine, schmale Felseninsel, *El-kureje* genannt, wo im Mittelalter das Castell von *'Aila* stand.

östlich von Klein-*Ma'ân*, nördlich von Gross-*Ma'ân* liegen nicht unbedeutende Ruinen, welche die Araber *Ḥammâm* „das Bad“ nennen. Der Gesundheitszustand *Ma'âns* ist schlecht, indem die Bewohner, die beinahe nur von Früchten leben, meistens an Fieber und Dysenterie leiden [1]).

Mit diesem *Ma'ân* combinirt man gewöhnlich die im Alten Testamente ein paar Mal erwähnten *Me'unim* [2]). Freilich ist es zweifelhaft, ob diese Combination grösseren objectiven Werth hat als Doughty's Zusammenstellung von *Šemije* mit *Šammâ* Gn. 36, 13 und von *Ḥammâm* mit *Hêmâm* Gn. 36, 22. Von Uzzija erzählt 2 Ch. 26, 7, dass er die Philistäer, die in *Gûr ba'al* [3]) wohnenden Araber und die *Me'unäer* besiegte. Aus dieser Stelle lässt sich nichts entnehmen über die Wohnsitze des betreffenden Stammes. Nach 1 Ch. 4, 41 ziehen einzelne simeonitische Stämme nach einem an Weideplätzen reichen Orte und schlagen die dortigen Bewohner und die Me'unäer [4]). Leider lässt sich der weidereiche Ort, wo dies geschah, nicht sicher angeben; doch ist die von Graf und Bertheau vorgeschlagene Aenderung von *Gedor* in *Gerar*, das aus der Geschichte Abrahams bekannte Thal westlich von *Ḳadeš* [5]), immerhin sehr ansprechend. Danach hätten also einzelne Me'unäer in diesem Thale nomadisirt. Dagegen scheint wirklich eine dritte Stelle die *Me'unim* mit den Edomitern in Verbindung zu bringen. Unter den Stämmen, welche Juda und Josaphat angreifen wollen, treffen wir 2 Ch. 20, 10. 22 f. die Bewohner des Gebirges *Se'ir*, neben den Ammonäern und Moabitern. Dafür steht V. 1 das in jeder Hinsicht unmögliche הָעַמּוֹנִים, das mit der LXX ohne Zweifel in „die Me'unäer“ geändert werden muss. Es ist also klar, dass der Chronist in diesen Me'unäern Vertreter des edomitischen Volkes gesehen hat, und so wird man die Möglichkeit jener Combination mit *Ma'ân* zugeben können. Aber irgend ein sicherer Grund gerade an jenen östlichen Ort zu denken, liegt nicht vor; ebenso möglich ist es, dass die Me'unäer im westlichen Theile Edoms wohnten, was ja gut zu

---

[1]) Burckhardt 724 f. Siegfried Langer, Reisebericht aus Syrien und Arabien 1883. XIII f. Doughty I 32 f.

[2]) Burckhardt 1035. Für *Me'unim* hat die LXX *οἱ Μιναῖοι*.

[3]) LXX hat dafür *ἐπὶ τῆς Πέτρας*. Sollte es wirklich das oben p. 37 vermuthete Heiligthum der Nabatäer sein? Uebrigens hat die LXX auch V. 8 *Μιναῖοι* für הָעַמּוֹנִים.

[4]) So das *Ḳerê*, dag. das *Kt.* מְעִינִים; LXX *Μιναῖοι* aber in Lagardes Text *Κιναῖοι*.

[5]) Vgl. hierüber Trumbull, Kadesh Barnea 61 ff. ZDPV VIII 215.

1 Ch. 4, 41 stimmen würde[1]). Ausserdem giebt es, wie wir unten sehen werden, einen anderen alttestamentlichen Ort, den man mit *Ma'ân* zusammen stellen könnte.

Anhangsweise mögen hier noch einzelne Ortschaften in Edom erwähnt werden, die erst in späteren Schriften vorkommen. Uebrigens lässt sich die weit grössere Zahl der auf dem *Šerâ*-Gebirge vorkommenden Ruinenstädte oder Dörfer, welche uns ein so überraschendes Bild von der ehemaligen starken Bevölkerung dieses Landes geben, nicht mehr identificiren[2]); die wenigen, bei denen es möglich ist, sind uns meistens durch das Verzeichniss über römische Militärstationen bekannt.

Mit dem *W. iṯm* (p. 5) kann die Militärstation *Adnutha* zusammengestellt werden[3]), mit *W. muêlih* (p. 5) die Militärstation *Mohaila*[4]); die Station *Tarba* ist wohl entweder *W. turban* oder *W. darbe*[5]); *Zodocatha* oder nach Peutinger *Zadagatha* ist ohne Zweifel bei der Quelle *Ṣâdaḳa* (p. 9) zu suchen[6]); die von Irby und Mangles entdeckten Ruinen *Garundel* (p. 12) weisen auf die bischöfliche Stadt *Arindola* zurück, die von Ja'kubi die Hauptstadt in *ǵibâl* genannt wird[7]); die von Ptolemäus erwähnte Stadt *Thana* ist wahrscheinlich das p. 11 erwähnte *Ḍâna*[8]); die

---

[1]) Hängt vielleicht der Brunnenname *Mâjên* beim Berge *'Arâi* (p. 17) mit diesen *Me'unim* od. *Me'inim* zusammen? — Das Wort *Mâ'ôn* findet sich Ri. 10, 12 neben Sidon und 'Amalek, ist aber wohl mit d. LXX in *Midjan* zu ändern; umgekehrt wollen Einige 1 K. 11, 18 *Midjan* in *Ma'on* ändern, s. unten. Die unter den Netinim erwähnten Me'unäer Esr. 2, 50. Neh. 7, 52 sind wohl Kriegsgefangene aus jenem Stamm gewesen. Gegen die Zusammenstellung der bibl. Meunäer mit den arabischen Minäern (Glaser 450) vgl. ZDMG XLIV 505.

[2]) Vgl. die aufgezählten Ortschaften bei Seetzen III 17 f. Robinson III 860 f. Bädeker, Palästina [3] 152.

[3]) Vgl. Notitia dignitatum, ed. Böcking 1839. 350 ff. de Luynes I 269.

[4]) Notit. dignit. 346. Luynes I 270.

[5]) Not. dignit. 350 ff. Luynes I 259. 270.

[6]) Notit. dign. 345. Ritter, Erdkunde XIV 92. 111. Robinson III 127. Luynes I 270. Bei Ptolemäus *Zanaatha*, was wohl Schreibfehler ist.

[7]) Ritter, Erdkunde 115 h. Irby und Mangles, Travels 376. Luynes I 270. Ja'kubi ZDPV IV 87. Beladhori ed. de Goeje 126.

[8]) Ritter, Erdkunde XIV 128; in Peutingers Tafeln lautet der Name entstellt *Thornia*; bei Ptolemäus V 17, 5 *Θάνα*; auch bei Josephus scheint der Name vorzukommen, nämlich Arch. 13, 15, 4. 14, 1, 4 vgl. Tuchs Programm für 1859, Quaestiones de Flavii Josephi libris historicis 15 und Niese zu den Stellen.

Militärstation *Talaha* kann mit *W. ṭalaḥ* (p. 19) zusammengestellt werden[1]), die Militärstation *Jehybus* mit *W. ǵeib* p. 19[2]); die Quelle *Melihe* (p. 5) erinnert an die Militärstation *Moleaha*[3]); die Ruinenstadt *Adruḥ* (p. 13) war früher die Hauptstadt in *Gibâl*[4]), und endlich ist die Stadt *El-ḥamajjima* (p. 10) berühmt geworden als Stammsitz der Abbasiden[5]). — —

Das von den Edomitern bewohnte Land war, wie wir gesehen haben, keineswegs ein an Hilfsquellen armes Land (p. 15 f.). War auch die Gegend westlich von der *'Araba* mit wenigen Ausnahmen eine traurige Wüste, so war das Gebirge Se'ir nicht nur ein durch seine Bodengestaltung geschütztes Land, in welchem die Edomiter den Adlern gleich ihre Felsennester bauen konnten (vgl. Ob. 4), sondern auch ein an fruchtbaren Thälern und Hochebenen reiches Land, wo Getreide, Wein und Obstbäume gedeihen konnten. Dass die Edomiter diese Hülfsquellen nicht unbenutzt liessen, bestätigt wenigstens eine geschichtliche Nachricht. Als die Israeliten (Nu. 20, 17) die Edomiter um Erlaubniss baten, durch ihr Land zu ziehen, versprachen sie, ihre Felder und ihre Weinberge nicht zu betreten und das Wasser ihrer Brunnen nicht zu trinken[6]). Ist deshalb die gewöhnliche Auffassung von Gn. 27, 39: „fern von fettem Boden soll dein Wohnsitz sein, und ohne Antheil am Tau des Himmels droben," richtig, so muss hier wesentlich an den westlichen Theil des edomitischen Landes gedacht sein, nicht an den östlichen, der sich jedenfalls mit Juda an Fruchtbarkeit messen kann[7]).

Neben dem Ackerbau bot das Land auch dem Jäger eine reiche Beute, eine Seite des edomitischen Lebens, die nicht übersehen werden darf, da Esau, der Jäger (Gn. 25, 27, c. 27), auch in dieser Beziehung das Volk Edom typisch darstellt. Es sind besonders die Abhänge der 'Araba und die westliche Hochebene, welche viel Wild enthalten, wie man aus den Andeutungen der Reisenden sehen kann[8]).

---

[1]) Not. dign. 350 ff. Luynes I 252. [2]) Luynes I 253. [3]) Luynes I 256.
[4]) ZDPV VIII 123. [5]) Ritter, Erdkunde XIV 112.
[6]) Im Talmud ist von der ausserordentlichen Grösse der Trauben in *Gibâl* die Rede, s. Neubauer, Géogr. d. Talm. 67.
[7]) Auf das Gebirge *Se'ir* übertragen, wäre das Bild Gn. 27, 39 nicht naturwahr, denn hier fällt viel Regen, ja im Winter häufig Schnee, Palmer, Wüstenwanderung 341. Doughty I 28; mehrere Felder werden nur durch den Regen bewässert, Doughty I 39.
[8]) Burckhardt 681. Palmer, Wüstenw. 325. 357. Luynes I 256. 271.

Die wichtigste Reichthumsquelle des Landes war aber der Handel. Wer *Elat* besass, besass den Schlüssel zum Seehandel auf dem rothen Meere. Die Karawanenstrassen, auf welchen die Waaren Südarabiens, vor allen der Weihrauch, nach Vorderasien gebracht wurden, liefen theils an *Elat* vorbei, und dann durch die *'Araba* oder durch die Wüste südlich von Juda, theils kreuzten sie das edomitische Gebirge, um die westlichen Gegenden zu erreichen[1]. Als Athenäus die Felsenburg der Nabatäer erobert hatte, fand er grosse Mengen Weihrauch und Silber, die hier aufgehäuft waren (p. 33). Unter der römischen Herrschaft stieg dieser Handelsverkehr ausserordentlich, indem die Römer ihre vorzüglichen Strassen bauen liessen, von welchen die Reisenden überall Spuren finden, und daneben Militärstationen einrichteten, um die Karawanen zu beschützen. Dass aber dies alles, wenn auch im bescheideneren Umfange, schon stattfand, als die Edomiter das Land bewohnten, geht aus mehreren Andeutungen hervor. Die oben erwähnte Stelle Nu. 20, 17 spricht von einer „königlichen Strasse", welcher die Israeliten auf ihrem Marsch durch Edom folgen wollten. Obadja erwähnt die in Edom aufgespeicherten Schätze, welche die Feinde bald plündern werden, nachdem sie das Land erobert haben. Dass die Edomiter mit besonderem Eifer den Sklavenhandel betrieben und deswegen mit den Philistäern und den Phöniziern in Verbindung standen, geht aus Am. 1, 6. 9 hervor. Endlich scheint Ez. 27, 16 die Rede davon zu sein, dass die Edomiter die Einfuhr von edlen Steinen nach Phönizien vermittelten, wenn auch die unsichere Textüberlieferung an dieser Stelle bestimmte Schlüsse nicht erlaubt[2].

Von der socialen Verfassung der Edomiter wissen wir sehr wenig. Das Volk bestand, wie das israelitische, aus Stämmen, deren Name Gn. 36 und 1 Ch. 1, 35—54 aufgezählt werden[3]. Die Hauptstämme waren folgende

[1]) Nach Strabo (XVI 4, 18. 23. 24) wurden die Waaren Indiens auf Kamelen von *Leuke kome* am rothen Meere nach *Petra* gebracht und von da weiter nach *El 'ariš* und andern Orten. Ueber die Lage von *Leuke kome* s. Wetzstein, Ztschr. f. allgemeine Erdkunde XVIII 436 ff. Vgl. auch Euting, Sinaitische Inschriften S. XI.

[2]) Vgl. Cornill zur Stelle.

[3]) Ueber die Quellenscheidung von Gn. 36 gehen die Ansichten weit auseinander, s. Dillmanns Comment. Jedenfalls liegt hier höchst werthvolles Quellenmaterial vor, vor Allem in der Liste der Horiter. — Eigenthümlich, aber kaum haltbar ist der scharfsinnige Versuch Glasers (Skizze 461 ff.), einen Theil der hier vorkommenden Namen tiefer südlich in Arabien nachzuweisen.

fünf: *Eliphaz*, *Re'ûêl*, *Je'ûš*[1], *Ja'lâm* und *Koraḥ*[2]. Die beiden ersten Namen, die sonst auch als Personennamen vorkommen, bezeichnen aber in Wirklichkeit zwei Gruppen von kleineren Stämmen, wesshalb diese Einzelstämme Gn. 36, 15 ff. den Stämmen *Je'ûš*, *Ja'lâm* und *Koraḥ* nebengeordnet werden[3]. Die Stämme des *Eliphaz* sind *Têman* (s. p. 30), *Omar*, *Sephô*, *Ga'tâm* und *Kenáz* — die Stämme des *Re'ûêl* sind *Naḥat*, *Zeraḥ*, *Šammâ* und *Mizzâ*. Als Nebenstamm zu den *Eliphâz*-Stämmen wird ausserdem der Stamm *'Amalek* angeführt, Gn. 36, 12. 16[4]. Die Häuptlinge dieser verschiedenen Stämme trugen den Namen *Allûphîm* — wie auch Ex. 15, 15 zeigt, eine den Edomitern eigenthümliche Benennung[5]. Daneben findet sich Gn. 36, 40—43 ein anderes Verzeichniss der *Allûphîm*, das von den schon erwähnten nur *Têman* und *Kenáz* wiederholt, daneben aber folgende anführt: *Timnaʻ*, *'Alwâ*, *Jetêt*, *Oholibama*, *Ela* (s. S. 39), *Pinôn* (s. S. 37 f.), *Mibṣâr* (s. S. 38), *Magdîêl* und *'Irâm*[6]. Dies zweite Verzeichniss wird durch den Zusatz „nach ihren Wohnorten" (V. 40. 43) ausdrücklich als auf einem anderen Eintheilungsprincip beruhend bezeichnet; in der Chronik (I, 1, 51) wird es ausserdem als ein Verzeichniss eingeführt, das auf die Zeit nach dem Tode des letzten Königs *Hadad*, Rücksicht nimmt.

Neben den eigentlichen Edomitern wohnten in ihrem Lande Ueberreste der Urbevölkerung (der Horiter, s. unten), welche so selbstständig waren, dass sie ihre alte Eintheilung in Stämme bewahrten (vgl. Dt. 2, 22).

---

[1]) So Gn. 36, 18. 1 Ch. 1, 35; dagegen Gn. 36, 5. 14 *Kt.* יעיש.

[2]) In d. LXX lauten die Namen *Ἐλιφας* (Cod. Bodl. u. Lag. *Ἐλιφαζ*), *Ῥαγουηλ*, *Ιεους* (Cod. Bodl. *Ιεαβους*, Lag. *Ιευλ*), *Ιεγλομ* (Cod. Bodl. *Ιεγλουμ*) und *Κορε*.

[3]) Ueber die Benennung der Stämme nach Einzelpersonen s. Nöldeke ZDMG XL. 158 f.

[4]) Gn. 36, 16 wird zu den *Eliphas*-Stämmen ein *Koraḥ* hinzugefügt, aber dieser im samaritanischen Texte fehlende Name ist gewiss nicht ursprünglich. 1 Ch. 1, 36 wird *Timnaʻ* hinzugefügt, das Gn. 36, 19 das Kebsweib des Eliphas bezeichnet, vgl. Berth. z. St. In der LXX lauten die Namen *Θαιμαν* (Cod. Bodl. *Θεμαν*), *Ωμαν* (Lag. *Ωμαρ*), *Σωφαρ*, *Γοθομ*, *Κενεζ* — *Ναχομ* (Lag. *Ναχεθ*, Bodl. *Ναχοθ*), *Ζαρε*, *Σομε*, *Μοζε*.

[5]) Sach. 9, 7. 12, 5 ist für אַלֻּף, אַלֻּפֵי ohne Zweifel אֶלֶף, אַלְפֵי zu lesen.

[6]) In der LXX *Θαμνα*, *Γωλα*, *Ιεθερ* (Holmes I, Lag. *Ιεθερ*), *Ελιβεμας* (Lag. *Ελιβαμας*, Holmes I *Ελειβαμας*), *Ηλας*, *Φινες* (Bodl. Lag. *Φινων*, Holmes I *Φεινων*), *Μαζαρ*, *Μετοδιηλ* (Lag. *Μαγεδιηλ*, Bodl. *Μαλελεηλ*), *Ζαφωει* (Lag *Ζαφωιν*, Holmes I, Bodl. *Ζαφωειμ*); vgl. zu diesem letzteren Namen Ewald, Gesch. 3 1 350 und Dillm. z. St.

Auch über diese Stämme enthält Gn. 36 ein werthvolles Verzeichniss. Die Hauptstämme waren *Loṭan*, *Šobal*, *Ṣib'on*, *'Anâ*, *Dišon*, *Eṣer* und *Dišan*[1]). Zu *Loṭan* gehörten die Stämme *Ḥori* und *Hêmâm* (1 Ch. 1, 39 *Hômâm*) — zu *Šobal*: *'Alwân* (1 Ch. *'Aljan*), *Manâḥat*, *'Ebal*, *Šephô* (1 Ch. *Šephî*) und *Onam* — zu *Ṣib'on*: *Ajjâ* und *'Anâ*[2]) — zu *'Anâ*: *Dišon* und *Oholibama* (fehlt in d. Ch.) — zu *Dišon*: *Ḥemdan*, *Ešban*, *Jitran* und *Kerân* — zu *Eṣer*: *Bilhan*, *Za'awan* und *'Aḳan* (1 Ch. *Ja'aḳan*) — zu *Dišan*: *'Uṣ* und *Arân*[3]). Auch die Schech's dieser Stämme werden *Allûphîm* genannt, und vielleicht haben die Edomiter diesen Namen von der Urbevölkerung übernommen.

Ueberall wo die Edomiter im Alten Testamente erwähnt werden, stehen sie unter einem Könige. Dazu fügt nun Gn. 36, 31 die wichtige Bemerkung, dass das Königthum in Edom viel älter war als in Israel. Es werden hier 8 Könige aufgezählt: *Bela'* der Sohn *Be'ôr*'s aus *Dinhaba*[4]) — *Jobab*, der Sohn *Zeraḥ*'s aus *Boṣra* (S. 36) — *Ḥušam* aus dem Lande der Temanäer (S. 30) — *Hadâd*, der Sohn *Badad*'s aus *'Awît* — *Samla* aus *Masreḳa* — *Ša'ul* aus *Reḥobot hannahar* (S. 38) — *Ba'al ḥanan*, der Sohn *'Akbor*'s — *Hadar* aus *Pa'u*[5]). Erzählt wird von ihnen nur, dass *Hadad* die Midjaniter auf der Steppe Moabs überwand, und dass die Frau

---

[1]) In d. LXX *Λωταν*, *Σωβαλ*, *Σεβεγων*, *Ἀνα*, *Δησων*, *Σααρ* (Holmes I, Bodl., Lag. *Ασαρ*) und *Ρεισων* (dieselben: *Ρισων*), was wohl richtiger als d. Mass. Text.

[2]) Von ihm wird erzählt, dass er beim Hüten der Esel seines Vaters יֵמִם in der Wüste fand; wenn dieses Wort: Wasser oder Quellen bedeutet, könnte man an die Quellen bei *Ma'ân* (p. 41) denken und diesen Namen mit *'Anâ* in Verbindung bringen.

[3]) In den LXX lauten diese 20 Namen: *Χορρει* (Bodl., Lag. *Χορρι*), *Αιμαν* — *Γωλων* (Lag. *Γωλαμ*, Holmes I, Bodl. *Γωλωμ*), *Μανναχαδ* (Lag. *Μαναχαδ*, Bodl. *Μαναχα*), *Γαιβηλ*, *Σωφ* (Holm. I., Lag. *Σωφαν*, Bodl. *Σωρ*), *Ωμαν* (Holm. I *Ωμαμ*) — *Ἀιε* (Lag. *Αιαι*), *Ωναν* (Bodl. *Ωνα*, Lag. *Αιναν*) — *Δησων* (Lag. *Δαισων*), *Ολιβεμα* (Bodl. *Ολιβα*, Lag. *Ελιβεμαθ*) — *Αμαδα*, *Ασβαν*, *Ιεθραν* (Lag. *Ιθραν*), *Χαρραν* — *Βαλααν* (Lag., Holm. I, Bodl. *Βαλααμ*), *Ζουκαμ*, *Ιωυκαμ* (Lag. *Ιουκαμ*, Holmes I *Ιεωυκαμ*), *Ουκαν* (fehlt bei Lag.) — *Ως* (Bodl. *Ους*), *Αραμ* (Lag. *Αρραν*, Holm. *Αραν*).

[4]) Nach d. Onomast. (Lag. 114, 31) ein moabitischer Ort; der Name erinnert auffallend an *Bil'am*, Sohn *Be'ôr*'s.

[5]) In der LXX: *Βαλακ υἱὸς Βεωρ* (Lag. *Βαιωρ*) aus *Δενναβα* — *Ιωβαδ* (Lag. Holmes *Ιωβαβ*, Bodl. *Ιωβακ*), *υἱὸς Ζαρα* aus *Βοσορρας* — *Ασομ* — *Αδαδ υἱὸς Βαραδ* aus *Γεθθαιμ* — *Σαλαμα* (Holm. *Σαμαλα*, Lag. *Σαμλα*) aus *Μασεκκας* — *Σαουλ* aus *Ροωβωθ* am Flusse — *Βαλαεννων* (Lag. *Βααλεννων*) *υἱὸς Αχοβωρ* — *Αραθ υἱὸς Βαραδ* (Lag. *Βαραθ*) aus *Φογωρ*. Für *Hadar* haben Ch. 1, 50 und mehrere Handschriften *Hadad*.

Hadar's den Namen *Mehêtab'êl* trug und eine Tochter *Maṭred*'s, des Sohnes (so d. LXX) *Mêzahab*'s, war. Als *Terminus ad quem* für die Zeit dieser Könige wird V. 31 ein Punkt angegeben, der entweder die Zeit, da die Israeliten selbst einen König bekamen, oder die Zeit, da ein israelitischer König in Edom herrschte, bedeuten kann — also jedenfalls die Zeit Sauls oder David's. Die letztere, von Bruston vertretene Auffassung findet Dillmann mit Recht sehr ansprechend[1]) Jedenfalls ist es beachtenswerth, dass die aufgezählten Namen mit den in den assyrischen Inschriften vorkommenden edomitischen Königsnamen absolut keine Aehnlichkeit haben. Nur 1 K. 11, 14 findet sich der Name *Hadad* wieder als Name eines edomitischen Prinzen. Höchst auffallend ist es, dass die nach dem Texte unmittelbar auf einander folgenden Könige alle aus verschiedenen Städten oder Landschaften sind, von welchen einzelne möglicher Weise nicht einmal edomitisch waren. Man ist deshalb auf den Gedanken gekommen, dass Edom ein Wahlreich gewesen ist. Aber wahrscheinlicher als diese Vermuthung, die 1 K. 11, 14 ff. gegen sich und in Jes. 34, 12 eine sehr gebrechliche Stütze hat[2]), scheint es mir, dass die hier angeführten Könige ursprünglich Begründer neuer Dynastien gewesen sind, die etwa wie die Dynastien in Ephraim gewechselt haben können. —

Fragen wir nach dem geistigen Leben in Edom, so steht natürlich die Religion im Vordergrunde. Auch hier bietet die trümmerhafte Ueberlieferung uns wenig Stoff. Doch steht jedenfalls so viel fest, dass die Edomiter mehrere Götter gehabt haben[3]), aber wer von diesen der eigentliche Haupt- und Landesgott gewesen (wie z. B. *Kemoš* in Moab), ja, ob die Edomiter überhaupt einen solchen gehabt haben, wissen wir nicht. Z. Th. waren die Götter vielleicht eingeführte Gottheiten, wozu die Verschmelzung mit anderen Stämmen und die aus fremden Ländern kommenden Könige Anlass bieten konnten. Unser Material müssen wir

---

[1]) Uebrigens findet sich in der LXX zu Gn. 36, 30 auch die Lesart *Jerusalem* für ישראל, was denselben Termin geben würde.

[2]) Der unzweifelhaft verstümmelte Vers lässt sich nicht übersetzen; vgl. besonders Duhm z. St. Für מלוכה könnte man (vgl. d. LXX) מַלְכָּה lesen und in יקראו (יקרא) ein Verb.: verschwinden oder dgl. vermuthen.

[3]) Der Chronist berichtet, dass Amaṣja die Götzen Edoms nach Juda führte, um sie dort anzubeten (2 Ch. 25, 14); unter den heidnischen Frauen Salomos werden 1 K. 11, 1 auch edomitische Frauen erwähnt.

wesentlich aus den **theophoren Eigennamen** schöpfen. So beweisen die unten zu erwähnenden edomitischen Königsnamen „*Kaušmalik*“ und „*Kaušgabra*“, wie sie in den assyrischen Inschriften lauten[1]), dass die Edomiter einen Gott „*Kauš*“ gehabt haben müssen. Die einheimische Form dieses Namens kennen wir aus den Eigennamen der nabatäischen Inschriften: sie lautete *Ḳos*[2]). Auch in dem von Josephus mitgetheilten edomitischen Eigennamen *Κοστοβαρος* steckt dieser Gottesname[3]).

Von diesem *Kostobar* erzählt Josephus, dass seine Vorfahren Priester eines Gottes gewesen waren, der nach dem gewöhnlichen Texte *Κοζε* hiess, nach Nieses Text *Κωζαι*. Man kann wohl diesen Gott mit den arabischen Gotte *Ḳusaḥ* zusammenstellen, einem Gewittergotte, von dessen Bogen öfters die Rede ist. Doch ist es ja möglich, dass dieser erst spät erwähnte Gott kein edomitischer, sondern ein von den in Edom eindringenden Arabern mitgebrachter gewesen ist[4]).

Dass die Edomiter einen Gott *Malik* gehabt, oder einen ihrer Götter *Malik* genannt haben, scheint aus dem Königsnamen *Malikram* in den assyrischen Inschriften hervorzugehen[5]). Dasselbe gilt von dem im *Ba'al ḥanan* (p. 46) enthaltenen *Ba'al*. Der wenigstens zweimal vorkommende Königsname *Hadad*[6]) erinnert an den aramäischen Gott *Hadad*, der vielleicht auch bei den Edomitern von aussen her eingeführt worden ist[7]).

Andere angebliche Namen sind unsicher oder geradezu unrichtig. Letzteres gilt von dem S. 45 erwähnten *Je'ûš*, den man mit dem arabischen

---

[1]) Winckler, Keilinschriftliches Textbuch 22. 42.

[2]) קס oder קוס; vgl. קסנתן Euting, Nabatäische Inschriften S. 49, vielleicht קוסעדר Euting, Sinaitische Inschriften *no.* 423; dazu *Κοσγηρος*, *Κοσμαλαχος*, *Κοσβανος*, *Κοσαδαρος* in einer Inschrift aus Memphis s. Rev. arch. 1870. I 109 ff., und *Κοσβαρακος* C. I. G. 5149.

[3]) Arch. 15, 7, 9. Sonst vgl. Wellhausen, Skizzen III 77. 170 und dazu Nöldeke ZDMG XLI 714.

[4]) Vgl. Tuch ZDMG III 200 ff. Wellhausen, Skizzen III 77. 171. Rob. Smith, Kinship 296, Semites I 323. 471.

[5]) Winckler, Textbuch 33; doch ist das Zeichen, das *Malik* gelesen wird, zweifelhaft, s. Tiele, Geschicht. Assyr. Babyl. 290.

[6]) Vgl. S. 46; 1 K. 11, 9 hat d. LXX *Αδερ*.

[7]) Vgl. über *Hadad* Meyer ZDMG XXXI 734 ff. Halévy, Mélanges du crit. 424. Berichte d. Berliner Akad. 1885. 679. Wellh., Skizzen III 51. ZDMG XLI 712. XLVII 97.

Gottesnamen *Jaġûṯ* zusammengestellt hat. Gegen diese Combination spricht nämlich, dass die LXX *Je'ûš* mit *Ἰεοὺς* wiedergiebt, also mit ع, nicht mit غ [1]). Ganz unsicher sind die Zusammenstellungen von *'Ûṣ* (S. 46) mit dem arabischen *'Auḍ* [2]) und von *Ja'aḳan* (S. 46) mit *Ja'ûḳ* [3]). Für die Vermuthung, dass *Esau* selbst ein Gottesname gewesen, lässt sich anführen, dass Philo von Byblos einen Gott *Οὔσωος* erwähnt, der seinen Bruder bekämpfte, als Jäger lebte, aus den Fellen erjagter Thiere Bekleidungen verfertigte, auf einem Baumstamm das Meer befuhr, dem Feuer und Wind Säulen errichtete und ihnen das Blut der erjagten Thiere opferte. Aber diese späte Quelle ist doch zu trübe, um daraus historische Angaben zu schöpfen; vielmehr wird dieser *Usoos* wohl dem Alten Testamente entnommen sein [4]). Wenn man endlich vielfach in *Edom* einen ursprünglichen Gott vermuthet hat, so stützt sich dies hauptsächlich auf den im Alt. Test. vorkommenden Personennamen *'Obed Edom*, das man mit „Anbeter Edoms" übersetzt. Da in den arabischen Eigennamen das auf *'Abd* folgende Wort keineswegs immer einen Gottesnamen bezeichnet [5]), ist diese Uebersetzung an und für sich nicht zwingend. Doch ist sie natürlich immerhin möglich, aber dann bleibt es unsicher, ob der Gott *Edom* [6]) in *'Obed Edom* etwas mit dem edomitischen Namen zu thun habe, was Nöldeke schon wegen der abweichenden Orthographie als zweifelhaft bezeichnet hat [7]).

Für seine Behauptung, die Semiten hätten ursprünglich einen

---

[1]) Vgl. Lagarde, Mittheilungen II 77, Nominalformen 133 gegen Wellhausen, Skizzen III 17—19. 171. Rob. Smith, Semites I 43; vgl. auch Nöldeke ZDMG XL 168. Dagegen entspricht *Ἰεγοῦθος* in der erwähnten Inschrift aus Memphis wohl dem arab. *Jaġût*.

[2]) Rob. Smith. Kinship 260. Semites I 43. Wellh., Skizzen III 19. 171 und dagegen Nöld. ZDMG XL 183 f.

[3]) Vgl. Wellh., Skizzen III 19 f. ZAW III 279. Lagarde, Nominalformen 133.

[4]) Vgl. Bäthgen, Beiträge zur semit. Religionsgesch. 10. — Ueber eine Göttin *'Asit* s. Max Müller, Asien u. Europa nach ägypt. Denkmälern 1893. 316 f.

[5]) Vgl. Nöldeke in Eutings Nabatäischen Inschriften 32 f. u. Wellhausen, Skizzen III 2 f.

[6]) Vgl. עבד אדם bei den Karthagern CIS I 295, מלך אדם ib. 365, und die von Max Müller 315 f. erwähnte altkanaanäische Gottheit *Atum*.

[7]) ZDMG XLII 470, wo Nöldeke Bäthgens Erklärung von *Edom* durch „Menschen" als nicht unwahrscheinlich erwähnt. Ebenso musste man *Obed Edom* von *Edom* trennen, wenn dies die rothe Farbe des Landes bedeutete (S. 21). — Uebrigens ist denen gegenüber, die in *Edom* einen Gottesnamen finden, an Nöldekes Bemerkung zu erinnern, dass Gott und Mensch sehr wohl unabhängig von einander denselben Namen führen können (ZDMG XL 166).

Totemismus gehabt, hat Rob. Smith einen besonders überzeugenden Beweis in den Namenlisten Gn. 36 finden wollen[1]). Aber von sicheren Thiernamen kommen hier nur ganz wenige vor, und diese meistens nur unter den horitischen Stämmen. Hierher gehören *Ajjâ* (S. 46) und *Dišon* (S. 46), vielleicht auch *Ṣib'on*, wenn dies das arabische *ḍib'ân* „männliche Hyäne" ist, und endlich *'Akbôr* (Gn. 36, 38). Das ist aber in einem Verzeichniss von über 50 Namen so wenig, dass es eher gegen, als für Totemismus spricht[2]).

Was wir über die edomitische Religion wissen, ist also äusserst dürftig. Dagegen mag hier ein Punkt erwähnt werden, der vielleicht nicht auf Zufall beruht. Während die Propheten sonst die Göttergestalten der von ihnen bedrohten Völker so stark in den Vordergrund stellen — man denke zum Beispiel an Moab — fehlt dieses Moment in auffallender Weise, wenn sie Edom erwähnen. Vielleicht liegt darin ein Zeichen, dass die Religion bei den Edomitern keine so herrschende Rolle gespielt hat, wie bei den übrigen Nachbarvölkern der Israeliten. Die Art und Weise, wie in der Genesis die typische Gestalt Esau die religiösen Prärogative verschmäht, würde recht gut zu der Annahme stimmen, dass die Edomiter hauptsächlich zu denen gehörten, die „ihren Gott in ihrer Faust trugen" [3]).

Von dem geistigen Wesen der Edomiter hebt das Alte Testament sonst nur einen Zug hervor, der offenbar als besonders characteristisch gelten will — die edomitische Weisheit. Jer. 49, 7 heisst es:

So spricht Jahve der Heerscharen zu *Edom*:
Giebt es keine Weisheit mehr in *Têman*,
Ist Rathschluss den Klugen entschwunden,
Ihre Weisheit zu Ende?

Die emphatische Wiederholung an dieser Stelle beweist, dass sie

---

[1]) Rob. Smith, Journal of Philology IX 75 ff. Kinship 218 f.; vgl. gegen diese Auffassung die Bemerkungen Nöldekes ZDMG XL 166 ff. Wellhausen, Skizzen III 176.

[2]) Vgl. Nöldeke ZDMG XL 168 f.

[3]) Von den jetzigen Bewohnern des edomitischen Gebirges, die durch ihr wildes, feindliches Wesen so oft an ihre alten Vorgänger erinnern, schreibt Doughty I 38: the Idumean villagers are noted to be without formal knowledge of religion. It seems besides the shrine and chapel-of-rags of Aaron upon Mount Hor they have no mosques, or any other canonical observance than to circumcise their male children. — Dass auch die alten Edomiter die Beschneidung hatten, geht aus Gn. 17 und Jer. 9, 24 f. hervor.

mehr enthält als den Gedanken „sie stehen rathlos da in ihrer Noth". Daran schliesst sich Ob. V. 8.

An jenem Tage rotte ich die Weisen von Edom aus,
Klugheit vom Berge Se'ir.

Noch der Verfasser des Buches Baruch (3, 22) erwähnt *Têman* als einen Ort, wo man nach Weisheit forschte. Wir werden wohl an sinnige Sprüche oder Fabeln als die Form zu denken haben, in welcher diese Weisheit sich äusserte [1]).

Nachdem wir es im Vorhergehenden versucht haben, ein umfassendes Bild des edomitischen Volkes in der vorexilischen Zeit zu entwerfen, gehen wir nun zu dem zweiten Theile unserer Aufgabe über: eine Geschichte dieses Volkes zu geben, so weit bei der spärlichen Ueberlieferung von einer solchen die Rede sein kann.

Ehe die Edomiter in ihr Land zogen, war dies nach dem Alten Testamente von einem Volke bewohnt, das *Horiter* (Troglodyten) genannt wird (Gn. 14, 6. 36, 20. Dt. 2, 12. 22). In der That sprechen die neueren Reisenden häufig von den zahlreichen Höhlen im Gebirge *Šerâ*, dem Theil des Landes, an welchen wir ja vor allen denken müssen, wenn von Edom die Rede ist. Burckhardt erwähnt viele Höhlen am Ausgange des südlichen *W. ġarundel;* Doughty spricht von Höhlen bei *Chidâd* n. von Petra, Irby und Mangles von solchen am Abhange des *Šôbak*-Hügels, Palmer von einer grossen Höhle bei *El-bârid*. Auch findet sich eine grosse Höhle auf dem Berge *Hor* etwas unterhalb des Gipfels [2]). Aber auch westlich von der *'Araba* finden sich solche Bildungen, die sich bis in das südliche Juda fortsetzen. Hieronymus bemerkt zu Ob. V. 6 *et revera omnis australis regio Idumaeorum de Eleutheropoli usque ad Petram et Ailam (haec est enim possessio Esau) in specubus habitatiunculas habet et propter nimios calores solis, quia meridiana provincia est, subterraneis tuguriis utitur.* Die Höhlen bei Eleutheropolis sind bekannt [3]). Südwestlich von

---

[1]) Auch unter den Arabern sind einzelne Stämme wegen ihres Scharfsinnes besonders berühmt, so die Bewohner *El-ḥisma*'s s. Wetzstein bei Delitzsch, Hiob [2] 591.

[2]) Burckhardt 731. Irby, Travels 115 b. Palmer, Wüstenwanderung 351. Doughty 39. Luynes 276. Auch an die oben erwähnten *Sik*'s kann man denken; vgl. die חַגְוֵי סֶלַע Felsenklüfte Ob. 3.

[3]) Vielleicht ist der Name Eleutheropolis selbst durch eine Verwechselung von חֹר mit חֹרִי entstanden, vgl. Hieronymus zu Ob. V. 1 und Robinson II 965.

Hebron in *Daherîje* fand Palmer eine Menge bewohnter Höhlen[1]). Von den vielen Höhlen bei *Pharan*, wo *Simon bar Giora* seine Beute versteckte, erzählt Josephus[2]). Wenn es also heisst, dass die Edomiter die Höhlenbewohner verdrängten, darf man wohl an die Bewohner des ganzen von Hieronymus erwähnten Gebietes denken, umsomehr als die Edomiter ja selbst Gn. 26, 34. 36, 2 mit dem südlichen Juda in Verbindung gebracht werden. Doch versteht das Alte Testament unter den von den Edomitern besiegten Horitern deutlich in erster Linie die Bewohner des Gebirges *Se'ir*. Und dass gerade hier die Sitte, in Felsenhöhlen zu wohnen, ganz besonders geherrscht haben muss, zeigen die halb ausgehöhlten Gebäude in *Petra*, die nur durch eine solche alte Landessitte erklärlich werden[3]).

Mit diesen Troglodyten vermischten sich nun allmählich die Edomiter, wenn die Horiter auch, wie wir gesehen haben, eine gewisse Selbstständigkeit beibehielten. Die Schwester des Horiters *Loṭan*, *Timna'* (Gn. 36, 22), ist nach V. 12 ein Kebsweib des Edomiters *Eliphaz*, und Esaus Frau *Oholibama* ist die Enkelin des Horiters *Ṣib'on*[4]).

Aber auch mit anderen benachbarten Stämmen vermischten sich die Edomiter in den ältesten Zeiten. Als Frauen Esau's werden erwähnt die Hettiterinnen, d. h. Kanaanäerinnen, *Jehudit*, Tochter *Be'erî*'s und *Basmat*, Tochter des *Elon*[5]); weiter die Tochter Ismaels, also eine Araberin, *Mahalat*, die Schwester *Nebajot*'s[6]). Ausserdem finden sich unter *Elîphaz*' Söhnen die Namen *Ḳenaz* und *Amaleḳ*, was nur bedeuten kann, dass die Stämme *Ḳenaz* und *Amaleḳ* sich theilweise mit Edom verschmolzen hatten. Auf ähnliche Vermischungen weist es hin, dass einer der horitischen Stämme den Namen *'Ûṣ* trägt, da dieser Name sonst einen aramäischen Stamm bezeichnet.

Die ältesten Nachrichten über die Edomiter trifft man in der ägyp-

---

[1]) Palmer, Wüstenwanderung 305. [2]) Bell. 4, 9, 4.

[3]) Die meisten dieser ausgehöhlten Gebäude sind Grabkammern; dort finden sich, ausser den oben erwähnten Wohnungen (p. 37), die auf ähnliche Weise ausgehöhlten berühmten Gebäude: das Theater, *Chaznat Fir'aun*, worin Palmer 343 ein Museion vermuthet, und das *Dêr*.

[4]) Für החוי V. 2 muss ohne Zweifel החרי gelesen werden.

[5]) Gn. 26, 34; dagegen heisst *Elon*'s Tochter 36, 2 *'Ada*.

[6]) Die Identität dieser *Nebajot* mit den späteren Nabatäern hat immer noch die grösste Wahrscheinlichkeit für sich, vgl. Dillm. zu Gn. 25, 13. Lagarde, Nominalbildung 52 not.

tischen Literatur. Doch ist leider das Licht, welches dadurch über die edomitische Geschichte verbreitet wird, so spärlich, dass es eigentlich nur dazu dient, die Finsterniss noch fühlbarer zu machen[1]). Um 1300 v. Chr. reicht ein ägyptischer Beamter ein Gesuch ein, wodurch er den beduinischen Stämmen von *'Aduma* Erlaubniss schaffen will, die Grenzfestung bei *Sukkot* zu passiren, damit sie auf ägyptischem Boden ihr Vieh weiden können[2]). Also treffen wir hier edomitische Nomadenstämme an der Nordwestgrenze von Aegypten. Man darf aber solche nomadisirende Theile eines Volkes nicht ohne weiteres mit dem Volke selbst identificiren, und so lässt uns diese Stelle ohne Nachricht über die eigentliche Wohnung der Edomiter und vor Allem über die Ostgrenze ihres Besitzes. Ungefähr ein Jahrhundert später berichtet Ra'mses III: ich brachte dem beduinischen Stamm *sa-'a-ira* eine Niederlage bei. Max Müller[3]) sieht, wie die übrigen Aegyptologen, in diesem Namen das Wort *Se'ir* und kommt dann zu dem Resultate, dass diese Se'iriter mit den Edomitern nicht identificirt werden dürfen, sondern jene horitische Urbevölkerung des Se'irlandes bezeichnen. Danach würde die Eroberung Se'irs durch die Edomiter viel später fallen als bisher angenommen, und die ganze Darstellung Deut. c. 2. Nu. c. 20 als unhistorisch aufgegeben werden müssen. Aber hierfür bilden doch jene Nachrichten eine gar zu schwache Motivirung, da eine Doppelbenennung der Edomiter ebenso gut möglich ist in der ägyptischen, wie in der biblischen Literatur. Dass die Edomiter sich erst kurz vor der israelitischen Königszeit ihres Landes, und damit der Voraussetzung eines wirklichen Volkslebens, bemächtigt haben sollten, hat die gesammte Auffassung der Bibel von Edom als dem älteren Bruder Jakobs gegen sich.

An diesen Bericht reihen sich, was die Abfassungszeit betrifft, die in der Genesis enthaltenen Erzählungen von den Kämpfen zwischen Edom und seinem Bruder Jakob, Erzählungen, die zwar wahrscheinlich eine national-collective Bedeutung haben, deren Hintergrund man aber nach

[1]) Früher las man in der romanhaften Selbstbiographie des Aegypters *Saneha* (12. Dynastie) den Namen *Aṭim* od. Edom und gewann dadurch einen überraschenden Einblick in die allerälteste Geschichte der Edomiter (z. B. Maspero, Gesch. d. morgenl. Völker im Alterthume 104 ff. Wiedemann, Gesch. Aegyptens 237 f.); jetzt wird indessen der betreffende Name *Ḳdm* קֶדֶם gelesen. s. Meyer. Gesch. Aegypt. 182. Erman, Aegypt. 495. Max Müller, Asien und Europa nach ägypt. Denkmälern 46.

[2]) Pap. Anast. 6, 4, 14, s. Max Müller a. S. 135. [3]) O. a. S. 135 f.

meiner Auffassung in der von der Genesis geschilderten Zeit selbst suchen muss und nicht, wie es jetzt allgemein geschieht, in den viel späteren Kämpfen zwischen Edom und den israelitischen Königen.[1])

Als die Israeliten aus Aegypten zurückkehrten, stand Edom nach Nu. 20, 14 unter einem König, also vielleicht einem der oben S. 46 f. erwähnten. Die Israeliten betraten nicht das edomitische Land, sondern zogen von der Wüste an der Nordseite Edoms nach *'Akaba* und dann der Ostgrenze des Gebirges *Se'ir* entlang nach Moab.

Nun schweigt die Geschichte längere Zeit über Edom. Es ist nicht unwahrscheinlich, dass der oben S. 47 erwähnte Kampf zwischen *Hadad* und den Midjanitern zu derselben Zeit stattgefunden hat, in welcher dieser

---

[1]) Vgl. Wellhausen, Prolegomena [3] 334 f.: „Am deutlichsten bricht die Stimmung der israelitischen Königszeit in der Erzählung über Jakob und Esau durch .... Deutlich wird hier der Gegensatz der späteren Völkertypen vorgespielt, des rohen, urwüchsigen, im Boden wurzelnden Edom, und des glatteren, civilisirteren, den Weltmächten näher stehenden Israel. Durch Trug und List gelingt es dem jüngeren Bruder, den älteren um den Segen des Vaters und um das Recht der Erstgeburt zu bringen; in Folge dessen nimmt sich dieser vor, ihn zu tödten und ihr Verhältniss wird sehr gespannt. Edom war früher als Israel ein Volk und Reich geworden, wurde aber dann von Israel überflügelt und schliesslich durch David auch unterworfen; in Folge dessen entstand der wüthende Hass zwischen den Brudervölkern, von dem Amos redet .... Vor David können sich also die Erzählungen über Jakob und Esau nicht einmal in ihren Grundzügen gebildet haben." Aber was bedeutet bei dieser Erklärung die List Jakobs, wodurch er die Ueberlegenheit über Esau gewinnt? Und wie will man in diesem Falle die Esau so anziehend machende Versöhnung zwischen den beiden Brüdern erklären? Ausserdem weist doch die Thatsache, dass auch die ephraimitische Pentateuchquelle den Hass Esaus gegen Jakob so eingehend schildert, auf einen älteren Ursprung der Erzählung hin. Uebrigens hat Wellhausen selbst später dieser ganzen Auffassung ein wesentliches Stück Boden entzogen, indem er (Skizzen V 70) Am. 1, 11 f. als unecht verwirft, mit der ausdrücklichen Motivirung: „in Amos' Zeiten konnte den Edomitern nicht der Vorwurf gemacht werden, dass sie die Judäer grausam verfolgten, ihnen gar kein Mitleid schenkten und gar nicht verzeihen konnten. Damals hatten vielmehr die Edomiter sich zu beklagen. Denn sie waren von den Judäern unterdrückt und versuchten höchstens ihr Joch abzuwerfen." Wäre diese Kritik der Amosstelle im Rechte (s. weiter unten), warum ist dann Jakob in der Genesis ausser sich vor Furcht vor Esau? — Auf die umfassende Frage nach der Bedeutung der rein persönlichen Gestalten in der Erzväterzeit können wir uns hier nicht einlassen; sie wird nicht durch die Geschichte Esaus und Jakobs entschieden, sondern durch die Geschichte Abrahams, der allerdings nach meiner Auffassung nicht in einen Stamm oder gar in einen Gott aufgelöst werden kann und auch als Träger einer vorbereitenden Religion unentbehrlich ist.

Wüstenstamm den nördlichen Theil der israelitischen Länder verheerte, also in der Richterzeit (Ri. 6 ff.). Aber sonst wird in dieser Periode Edom nicht erwähnt, und vor allem nichts mitgetheilt über Kämpfe zwischen den Israeliten und den Edomitern. Erst nachdem Saul als König einen grösseren Theil der Israeliten unter sich vereinigt hatte, treffen wir wieder den Namen Edom. Unter den Trabanten Sauls befand sich ein Edomiter, Namens *Doeg*, der in der Geschichte Davids eine so verhängnissvolle Rolle spielte [1]). Wenn es aber 1 S. 14, 47 heisst, dass Saul nicht nur die Philistäer, sondern auch eine Reihe anderer Nachbarvölker, darunter die Edomiter, besiegte, so stimmt diese Angabe so wenig mit dem sonstigen Bild des Zustandes Israels unter Saul, dass sie unmöglich als geschichtlich betrachtet werden kann [2]).

Erst nachdem das israelitische Königthum durch Davids Sieg über die Philistäer fest gegründet war, konnte man an Eroberungskriege denken. Das israelitische Volk, das in den Zeiten Samuels und Sauls für sein Leben kämpfen musste, verwandelt sich nun in kurzer Zeit in ein eroberndes Volk und nimmt bald die erste Stelle unter den kleinen westasiatischen Staaten ein. Auch das viel ältere Königthum in Edom wurde von der jungen, gewaltig emporstrebenden Macht zu Boden geworfen. Die Edomiter wurden in einer Schlacht im Salzthale (s. S. 20) besiegt, welche zur Eroberung des Landes führte. Leider ist der Text des betreffenden Berichtes nicht rein erhalten und in den verschiedenen Quellen stark variirt. Jedenfalls ist [3]) 2 S. 8, 13 ursprünglich nicht von *Aram*, sondern von *Edom* die Rede gewesen, da David nicht im Salzthale mit den Aramäern gekämpft haben wird. Dies wird auch durch die LXX, und durch 1 Ch. 18, 12. Ps. 60, 1 bestätigt. Weiter kann der ursprüngliche Text nicht wie der jetzige nur von der Rückkehr Davids aus dem Kampfe berichtet haben, da der Kampf selbst die Hauptsache war. Auch diess wird durch die Parallelstellen bestätigt, allerdings so, dass es nach 1 Ch. 18, 12 Abšai, Ṣerujas Sohn war, der die Edomiter im Salzthale

---

[1]) 1. S. 21, 8. 22. 9; für רצים 1 S. 21, 8 ist wohl mit Grätz רָצִים zu lesen; dieses Wort bezeichnet, wie 22, 6. 9. 17 zeigen, die Leibwache und nächste Umgebung des Königs.

[2]) Vgl. Kittel, Gesch. d. Hebräer II 29. 102.

[3]) Gegen Klostermann, der selbst V. 11 *Aram* lesen will. — Unsicher ist es, ob V. 12 ארם in אֱדוֹם geändert werden muss, vgl. Wellh. und Driver z. St.

schlug, während es Ps. 60, 1 heisst: und Joab kehrte zurück und schlug die Edomiter im Salzthale. Wahrscheinlich sind alle diese Textformen, wozu noch die LXX zu 2 S. 8, 14 kommt[1]), nur Varianten eines einzigen gemeinsamen Urtextes, der freilich nicht mit voller Sicherheit bestimmt werden kann. Doch treffen die Verbesserungen „und als er zurückgekehrt war, schlug er die Edomiter im Salzthale“[2]) oder „und als er vom Siege über Aram zurückgekehrt war, schlug er die Edomiter im Salzthale“[3]), ohne Zweifel wesentlich den ursprünglichen Sinn.

Eine andere Nachricht von dem Kriege zwischen David und Edom treffen wir 1 K. 11, 15, gelegentlich der Erzählung von *Hadad's* Flucht. Es heisst hier: „als David die Edomiter besiegte[4]), damals nämlich, als der Feldhauptmann Joab hinauszog, um die Gefallenen zu begraben, und alle männlichen Personen tödtete — sechs Monate blieben Joab und die Israeliten dort, bis sie alle männlichen Personen ausgerottet hatten — dann entfloh *Hadad*, u. s. w.“ Offenbar setzt diese furchtbare Bestrafung Edoms, wobei natürlich, wie schon Josephus richtig erklärt, die „männliche Bevölkerung“ die Mitglieder des königlichen Geschlechts und sonst nur die waffentragenden Edomiter bedeutet, einen vorhergehenden Kampf voraus, denn Joab kommt ja, um die Gefallenen (natürlich: die Israeliten) zu begraben. Auch ist zu beachten, dass 2 S. 8 von einem Kampfe unten im Salzthale spricht, während es hier heisst: Joab zog h i n a u f, nämlich in das edomitische Gebirge. Vielleicht lassen sich die Berichte am besten so verbinden, dass David durch den Sieg im Salzthale die Herrschaft über Edom gewann, wonach aber die freiheitsliebenden Gebirgsbewohner ein dorthin ziehendes Heer oder die israelitische Besatzung niedermetzelte, was dann die furchtbare Ausrottung der Edomiter durch

[1]) *καὶ ἐν τῷ ἀνακάμπτειν αὐτὸν ἐπάταξεν τὴν Ἰδουμαίαν ἐν Γεβελεμ* (C. A. *Γημαλα*, Lag. *καὶ ἐν Γαιμελαχ*).

[2]) So Wellhausen (der die von Bertheau vorgeschlagene Aenderung treffend kritisirt): וּבְשֻׁבוֹ הִכָּה.

[3]) וּבְשֻׁבוֹ מֵהַכּוֹת את ארם הִכָּה אֶת־אֱדֹם. — Köhler, Gesch. II, 1, 287, betrachtet die drei Berichte als gleich ursprünglich und sucht sie zu einem Totalbilde zu combiniren, was aber nur durch eine ziemlich künstliche Behandlung der in sich sehr einfachen Sätze gelingt. Ungleich natürlicher ist es anzunehmen, dass ובשׁבו 2 S. 8 als ואבשׁי 1 Ch. 18 gelesen wurde, was dann בן צרויה mit sich führte. Die Zahl 12000 Ps. 60 ist wohl, wie auch Köhler annimmt, nur eine Entstellung für 18000 2 S. 8.

[4]) Für בהיות muss wohl בְּהַכּוֹת (nach Anderen בְּהַכְרִית) gelesen werden.

Joab zur Folge hatte. Erst damit war die Widerstandskraft des tapferen Volkes wirklich gebrochen, sodass David das Land in verschiedene Bezirke theilen und über diese Gouverneure setzen konnte[1]).

Und doch sicherte selbst diese grausame Behandlung die israelitische Herrschaft nur für einige Zeit. Schon unter Davids Nachfolger regte sich wieder der Freiheitsdrang des kriegerischen Volkes. Als Joab, lesen wir 1 Kg. 11, 14 ff., jenes furchtbare Blutgericht vollzog, gelang es einigen von den Hofleuten des gefallenen edomitischen Königs, dessen damals noch ganz jungen Sohn *Hadad* vor dem Blutbade zu bewahren und mit ihm nach Aegypten zu fliehen[2]). Die Flucht wird V. 18 näher so beschrieben: sie machten sich auf von *Midjan* und kamen nach *Paran;* hier nahmen sie einige Männer mit sich und gelangten so nach Aegypten. Nach diesem Texte muss man annehmen, dass sie den Knaben zuerst nach *Midjan* südöstlich von *Edom* gebracht haben, um ihn dann an *Elat* vorüber durch die Wüste *El-tih* nach Aegypten zu führen. Bei dem deutlich excerpirenden Charakter des Berichtes ist eine solche Ergänzung sehr wohl annehmbar. Thenius, dem Stade folgt, zieht es vor, *Midjan* in *Ma'ôn* zu ändern, was er mit *Ma'ân* und den S. 41 f. erwähnten Meunäern combinirt[3]). Eine solche Aenderung ist natürlich möglich, wird aber nicht durch die alten Textzeugen gestützt und kann nicht als wirklich nothwendig bezeichnet werden. Dass man den Königssohn zuerst nach dem wahrscheinlich befreundeten *Midjan* brachte, ist recht natürlich, und der Ausdruck ויקמו passt gut dazu, dass man nach einiger Zeit wieder aufbrach und nach Aegypten zog. Dabei folgten sie dem gewöhnlichen Karawanenwege durch *Paran,* dessen Beduinen ihnen als Bedeckung auf dem weiteren Wege nach Aegypten dienten.

---

[1]) 2 S. 8, 14. Köhler (a. a. O.) vermuthet in dem von den Edomitern an den Israeliten verübten Blutbade eine Episode, welche dem Eroberungskriege gegen Edom vorausging und vielleicht durch die Ammoniter angestiftet war. Aber der Satz: Joab zog hinauf, um die Gefallenen zu begraben, bedeutet kaum: „Joab kehrte aus Syrien nach Juda und traf hier allenthalben so viele unbestattete Leichen der von den Edomitern Erschlagenen, dass er sich aus Rücksichten der Pietät wie der Gesundheit vor allem diese zu beerdigen genöthigt sah.“ Obige Combination scheint mir in allen Beziehungen textgemässer und natürlicher zu sein.

[2]) Für הַמֶּלֶךְ הוא V. 14 muss m. d. LXX הַמְּלוּכָה gelesen werden. Neben sonstigem הדד ist ארד V. 17 wohl nur durch Schreibfehler entstanden.

[3]) LXX hat *ἐν τῆς πόλεως Μαδιαμ*, woraus Klostermann מִדְבַּר־ אבו machen will.

In Aegypten wurde der edomitische Prinz von Pharao, der die sich plötzlich entfaltende israelitische Macht nur mit Unzufriedenheit betrachten konnte, wohlwollend aufgenommen. Er bekam ein Haus, täglichen Unterhalt und ein Stück Land. Später gab der König ihm seine eigene Schwägerin[1]) zur Frau, welche ihm einen Sohn *Genubat*[2]) gebar, der unter den ägyptischen Prinzen von der Königin selbst erzogen wurde[3]). Als aber *Hadad* erfuhr, dass David und Joab gestorben waren, bat er seinen königlichen Beschützer um Erlaubniss, nach Edom zurückzuziehen. Der König gestattete es ihm auch nach einiger Zögerung, und so kehrte Hadad zurück und wurde, nachdem er das Königthum in Edom wieder errichtet hatte, ein gefährlicher Feind Salomos[4]). In welchem Umfange es ihm gelang, die Herrschaft seines Vaters aufs neue zu gründen, erfahren wir leider nicht. Nur so viel ist sicher, dass Salomo trotzdem im Stande war, den Seehandel auf dem rothen Meere von *'Eṣjon-geber* aus zu treiben (S. 39), wozu freilich nur erforderlich war, dass die Hafenstadt selbst in den Händen der Israeliten blieb, und dass die Verbindung zwischen ihr und Judäa durch Militärstationen geschützt wurde.

In dieser unserer Darstellung der Wiederbefreiung Edoms sind wir davon ausgegangen, dass wir 1 Kg. 11, 14 ff. einen einheitlichen, wenn auch nur excerpirenden Bericht vor uns haben. Diese Voraussetzung ist neuerdings von H. Winckler bestritten worden[5]). Durch eine eingehende Analyse des Textes kommt er zu dem Ergebnisse, dass die vorliegende Erzählung durch eine Ineinanderarbeitung von zwei ganz verschiedenen Berichten entstanden sei, von welchen nur der eine die Befreiung Edoms behandelt. Während nämlich dieser letztere Bericht melde, wie *Hadad* von den Dienern seines Vaters nach Aegypten gebracht und hier der Königin *Taḥpenês* zur Erziehung übergeben wird, bis er nach dem Tode Salomos nach Edom zurückkehrt[6]), erzähle der andere, nur fragmentarisch erhaltene

---

[1]) Die Königin hiess nach dem mass. Texte *Taḥpenês*, nach d. LXX *Θεχεμεινα*. Für הגבירה, das zu *Taḥpenês* gehören muss, hat die LXX *τὴν μείζω* (הגדולה od. הגבירה) als Apposition zu „Schwester". Ueber den Namen dieser Schwester s. unten S. 61.

[2]) LXX *Γανηβαθ*.

[3]) Mit d. LXX liest man wohl besser וַתְּגַדְּלֵהוּ für ותגמלהו.

[4]) Der Schluss fehlt im mass. Texte, ist aber in der LXX erhalten: *καὶ ἀνέστρεψεν Ἀδερ εἰς τὴν γῆν αὐτοῦ . . . . καὶ ἐβαρυθύμησεν Ἰσραηλ, καὶ ἐβασίλευσεν ἐν τῇ Ἐδώμ.*

[5]) Alttestamentliche Untersuchungen 1892. 1 ff.

[6]) V. 14. 15aα. bβ. 17aβ. 19 z. Th. 20aβ. bβ. 21—22.

Bericht von einem Rachezuge Joab's gegen Edom. Bei dieser Gelegenheit entflieht ein midjanitischer Prinz *Adad*, von Edomitern begleitet, über *Paran* nach Aegypten, dessen König ihm Haus und Land und die Schwester seiner Gemahlin, *Anot*, zur Frau giebt, die ihm einen Sohn *Genubat* gebiert. Weiter habe dann die ursprüngliche Erzählung wahrscheinlich berichtet, dass er nach Midjan zurückkehrte und ein Widersacher Salomos wurde[1]).

Ich vermag diese scharfsinnig ausgeführte Analyse nicht als eine glückliche Lösung zu betrachten. Dass der Compilator hier aus einer ganz fremden Erzählung ein paar Züge, die nichts charakteristisches enthielten und den Zusammenhang nur heillos confundirten, übernommen haben sollte, ist eine so wenig einleuchtende Annahme, dass nur ganz besonders zwingende Beweise sie uns aufnöthigen könnten. Aber in Wirklichkeit liegt der einzige Beweis in der Thatsache, dass einmal *Adad* an die Stelle von *Hadad* tritt, was doch viel einfacher als Schreibfehler betrachtet werden kann. Die sonstigen Schwierigkeiten verlieren sich durch die Annahme eines excerpirenden und lückenhaften Charakters der Erzählung und vielleicht mehrerer Schreibfehler, auf welche schon die Differenzen zwischen dem hebräischen Texte und d. LXX hinweisen. Und gegen die ganze Hypothese spricht sehr bestimmt die Thatsache, dass wir von einem Angriffe Davids auf *Midjan* und von der Errichtung eines für Salomo gefährlichen Königthums in diesem Lande sonst absolut nichts erfahren, wie beides auch, rein geschichtlich betrachtet, mehr als unwahrscheinlich genannt werden muss.

Auch von einer anderen Seite her ist die Integrität des Berichtes I K. 11, 14 ff. in Zweifel gezogen worden. Während nämlich diese Erzählung im mass. Texte ohne Concurrenten dasteht, enthält die LXX einen anderen Bericht, der mit der *Hadad*-geschichte so viele Züge gemein hat, dass hier einer- oder andererseits eine Entlehnung stattgefunden haben muss. Wir lesen nämlich in diesem zweiten Berichte[2]), dass Jeroboam aus Furcht vor Salomos Nachstellungen nach Aegypten zum Könige *Susakeim* entfloh und hier längere Zeit blieb. Als aber die Nachricht vom Tode Salomos nach Aegypten kam, bat Jeroboam den König, ihn nach seinem Lande zurückzuschicken. Der König antwortete mit dem Versprechen,

---

[1]) V. 15aβ. 16a. 17aαγ. 18. 19 z. Th. 20aα. bα. [2]) Hinter 12, 24.

ihm irgendwelche Bitte, die er vortragen würde, zu erfüllen. „Und *Susakim* gab dem Jeroboam *Ano* (*Ανω*), die Schwester *Techemeinas*, die älteste Schwester seiner Gemahlin, zur Frau, und sie war gross unter den Königstöchtern, und sie gebar dem Jeroboam einen Sohn *Abia*.“ Jeroboam wiederholt dann seine Bitte, zurückkehren zu dürfen, was der König ihm gestattet. Daran schliesst sich in der LXX die Erzählung von der Krankheit des Sohnes Jeroboams[1]), in welcher die im Hebräischen anonyme Frau Jeroboams consequenter Weise überall *Ano* genannt wird.

Dies alexandrinische Textstück will Klostermann als primär betrachten und in Folge dessen die sich damit berührenden Züge in der *Hadad*geschichte als unecht ausscheiden. Durch kühne Vermuthungen macht er dann aus den übrig gebliebenen Versen folgenden Bericht: Und *Hadad* gewann Gnade in den Augen Pharaos, und er gab ihm die Amme seines Sohnes, und sie zog ihn auf inmitten des Hauses des Pharao, und so war er unter den Söhnen des Pharao[2]). Diese kritische Construction hat aber in jeder Beziehung die Wahrscheinlichkeit gegen sich. Fragt man, wem der ägyptische König wohl am ehesten seine Schwägerin zur Frau gegeben habe, einem edomitischen Prinzen oder einem gewesenen Frohnaufseher aus Ephraim, so kann die Antwort kaum zweifelhaft sein. Auch spricht der Umstand, dass Sisak später ebenso gut Ephraim angegriffen hat wie Juda[3]), sehr bestimmt gegen eine Verschwägerung Jeroboams mit diesem ägyptischen König. Endlich beweist, wie Winckler treffend hervorgehoben hat, die Erzählung der LXX selbst, rein literarkritisch, seinen secundären Charakter. Jeroboams Heirath steht an durchaus unpassender Stelle, nämlich unmittelbar nachdem die Nachricht vom Tode Salomos nach Aegypten gekommen ist, während wir ja sonst wissen, dass Jeroboam gerade damals sofort Aegypten verliess. Geradezu confus wird

[1]) Im hebraischen Texte Cap. 14.

[2]) Die Nothwendigkeit dieser Amme, die *Hadad* als Ersatz für die an Jeroboam abzutretende Frau erhält, begründet Klostermann mit folgenden Worten: das Kind erregt Mitleid beim Pharao; was er ihm giebt, kann nur die Amme sein, die ihn aufzieht oder entwöhnt V. 20, aber nicht ein Weib zum Heirathen. Aber erstens bedeutet נער קטן nicht nothwendig einen Säugling, vgl. Jes. 11, 6, und zweitens, wovon lebte wohl das arme Kind in diesem Falle während der Wüstenwanderung? Dass der kleine *Hadad* erst die Frau bekam, als er älter geworden war, versteht sich doch so ziemlich von selbst.

[3]) Vgl. Stade, Gesch. I 357.

noch dazu die ganze Annahme durch die an und für sich richtige Bemerkung Klostermanns, dass der Satz der LXX „und sie war gross unter den Königstöchtern" nur durch Entstellung des ursprünglichen Satzes „und sie erzog ihn (oder: entwöhnte ihn, s. S. 58) im Hause Pharaos", entstanden ist, denn „dann fällt auch die Geburt und Erziehung des Sohnes nach der Nachricht vom Tode Salomos! Also müssen wir vielmehr die Berührungspunkte zwischen der *Hadad-* und der *Jeroboam*-geschichte als ursprüngliche Bestandtheile des *Hadad*-berichtes betrachten, woraus sie erst in den anderen Bericht aufgenommen worden sind. Es fragt sich dann nur noch, ob vielleicht auf diese Weise Einzelheiten, die im *Hadad*-berichte fehlen, an ihrer secundären Stelle im *Jeroboam*-berichte bewahrt worden sind. Dies lässt sich nur an einem Punkte vermuthen, nämlich bezüglich des Namens, welchen die Schwägerin des ägyptischen Königs im alexandrinischen *Jeroboam*-berichte trägt, während er im *Hadad*-berichte fehlt, sowohl im massorethischen wie im alexandrinischen Text. Es giebt hier, die Richtigkeit des Wortes *Ανω* vorausgesetzt, zwei Möglichkeiten. Entweder hies Jeroboams Frau *Ano*, und wurde dann ihr Name mit dem aus der *Hadad*-erzählung in die *Jeroboam*-erzählung aufgenommenen Bruchstücke combinirt — oder *Ano* war der Name der ägyptischen Prinzessin, welche *Hadad* heirathete, sodass es mit Unrecht in den *Hadad*-berichten fehlt und dagegen zufällig in den versprengten Bruchstücken dieser Erzählung bewahrt worden ist, woher es dann in die alexandrische Form der Erzählung von der Krankheit des Sohnes Jeroboams eindrang. Von diesen Möglichkeiten wird man wohl die zweite vorzuziehen haben, da die consequente Weglassung des Namens im hebräischen Texte Cap. 14 keinen vernünftigen Grund hätte, während sein Fehlen 11, 19 ff. einfach durch die Aehnlichkeit zwischen dem Worte אחות und dem hebräischen Originale zu *Ανω* erklärt werden kann[1]).

Wie schon bemerkt, blieb die wichtige Handelsstadt *'Esjon-geber* im Besitze Salomos. In dem dortigen Hafen liess der König Schiffe bauen und diese mit israelitischen und phönizischen Matrosen bemannen, worauf sie nach dem goldreichen *Ophir* an der Küste Arabiens oder an der Ostküste Afrikas geschickt wurden[2]). Für Edom war dies wohl

---

[1]) Als ursprüngliche Form des Namens vermuthet Winckler [illegible], Klostermann [illegible].
[2]) 1 Kg. 9, 28. 10, 22.

ein herber Verlust, da hierdurch eine seiner reichsten Einnahmequellen versiegte.

Ueber die Geschichte Edoms in dem Zeitraum zwischen Salomo und Josaphat schweigen leider die Berichte vollständig. Als wieder etwas Licht über das Land fällt, erfahren wir, dass der judäische König Josaphat, wie früher David, Herr über Edom war und es mittels Gouverneure regierte. Die sich hier aufdrängenden Fragen: ging Hadads Reich sofort zu Grunde, oder gelang es einem späteren König, etwa dem Josaphat selbst, das Land zurück zu erobern, oder war Hadads Reich so klein an Umfang, dass es zu dieser Zeit noch bestand, aber vom Erzähler einfach ignorirt wird? lassen sich nicht mit Sicherheit beantworten [1]. Nur so viel lehrt die Erzählung deutlich, dass der salomonische Seehandel von *'Esjon-geber* aus in der Zwischenzeit vollständig aufgehört hatte, so dass Josaphat etwas Neues versuchte, als er wiederum Schiffe im Hafen dieser Stadt bauen liess. Aus diesem Versuche wurde indessen nichts, da die Schiffe schon im Hafen vom Sturme zerschlagen wurden. Leider ist auch an dieser Stelle der Text sehr mangelhaft überliefert [2]. Der massorethische Text des Königsbuches soll wohl bedeuten: es war kein König in Edom als König eingesetzt — oder: es war kein König in Edom, ein Gouverneur war da als König (vgl. 1 K. 5, 9); aber die erstere Uebersetzung ist unhebräisch, und die zweite unnatürlich. Deshalb zieht Stade V. 48^b zum Folgenden und liesst נְצִיב הַמֶּלֶךְ „der Statthalter des Königs Josaphat liess ein Schiff bauen" [3]. Wahrscheinlich ist diess das Richtige, während

[1]) Nach Thenius zu 1 Kg. 22, 48 war Hadads Familie ausgestorben, wonach es Josaphat gelang, sein Oberhoheitsrecht über Edom geltend zu machen; vorläufig wurde ein Statthalter eingesetzt, bis ein neuer, von Josaphat abhängiger König gewählt wurde. Aehnlich Köhler II 1. 447. Nach Ewald, Gesch. III 513, war es der 2 Ch. 20 beschriebene Sieg (s. unten S. 64), der zur Unterwerfung Edoms führte.

[2]) 1 Kg. 22, 48 ff. vgl. 2 Ch. 20, 36 ff.

[3]) ZATW V 178. Aehnlich Klostermann, der aber אֵין בְּ V. 48 streicht. Der Einwand Köhler's II 2, 323, dass man eine Angabe über Josaphat's Flottenbau, nicht über den seines Werkzeuges, des Statthalters, erwarte, ist ohne Bedeutung, da es sich um eine Notiz aus den Reichsannalen handelt, wo eine derartige Genauigkeit sehr wohl am Platze wäre. Uebrigens ist 2 Sm. 8 die Rede von mehreren Gouverneuren in Edom, und da עשר ebenso gut aus עשׂר wie aus עשׂה entstanden sein kann, während das in der LXX enthaltene י nach נצב leicht für ר stehen kann, so war der Text möglicherweise ursprünglich וּנְצִיבֵי הַמֶּלֶךְ י״ עָשָׂה.

es dagegen zweifelhaft bleibt, ob man mit d. LXX „ein Schiff“ für „Schiffe“ lesen soll [1]).

Später forderte der ephraimitische König, Ahazja, Josaphat auf, in Verbindung mit ihm aufs neue Schiffe in *'Esjon geber* zu bauen, aber Josaphat, der wohl in jener Katastrophe ein Eingreifen Gottes erblickte, lehnte den Vorschlag ab [2]).

Auch in der weiteren Geschichte Josaphats treffen wir den Namen Edom [3]). Als nämlich dieser König sich mit Joram, dem Nachfolger Ahazjas in Ephraim, verband, um die von Ephraim abgefallenen Moabiter zu bekämpfen, entschlossen sich die Könige, Moab von der Wüste Edoms, also von Südosten aus (s. S. 21. 27), anzugreifen. Neben den beiden Königen befand sich „der König von Edom“ beim Heere. Wie es sich mit diesem plötzlich auftauchenden König verhält, ist wiederum unklar. Es kann ein Nachfolger *Hadad*'s sein, nämlich als König über irgend eine kleinere Landschaft in Edom, oder es kann ein Vasallenfürst sein, den Josaphat über das abhängige Edom gesetzt hatte. Der Gang des Krieges ist bekannt. In der wüsten Gegend nordöstlich von Edom waren die verbündeten Truppen nahe daran zu verschmachten, als der den Zug begleitende Prophet Elisa sie aufforderte, Gruben in der Erde zu graben, die sich dann plötzlich mit Wasser füllten, das von Edom her kam. Diese Erzählung erinnert lebhaft an die von Wetzstein [4]) beschriebene Bodenformation, welche den Namen *El-ḥasâ* trägt: „ein mit einer tiefen Sandschicht bedeckter felsiger Grund, wo sich das Wasser sammelt und stehen bleibt und durch Anlegung von Gruben zu Tage befördert wird.“ Gerade in dem Theile der Wüstenhochebene, wo der Grenzfluss zwischen Edom und Moab, *W. el-aḥsâ*, entspringt, findet sich eine solche *Ḥasâ*-formation, welche dem Wadi seinen Namen gegeben hat.

---

[1]) Stade zieht die Lesart d. LXX vor. Dadurch wird נִשְׁבְּרָה befriedigend erklärt, aber man muss dann הלך in הָלְכָה und das zweite אניות in אֳנִיָּה ändern.

[2]) Bekanntlich biegt der Chronist den Bericht über Josaphat's Flottenbau seltsam um, und zwar so, dass jeder Versuch, seine Darstellung zu vertheidigen, nur auf Kosten der Erzählung des Königsbuches geschehen kann; vgl. Köhler II, 2, 332, der nur versucht, die von Chronisten erwähnte prophetische Warnung zu bewahren.

[3]) 2 Kg. 3. Ohne allen Grund wollte Ewald, Gesch. III 555, vermuthen, dass der mit Joram verbündete König nicht Josaphat, sondern Joram gewesen sei.

[4]) Bei Delitzsch, Gen. 4 567.

Endlich bringt der Chronist[1]) eine selbstständige Erzählung von einem Ereignisse unter Josaphat, bei welchem auch die Edomiter, jedenfalls theilweise, eine Rolle spielten. Man meldete dem König, dass eine grosse Schaar von Feinden um die Südspitze des Todten Meeres herum gezogen waren und jetzt in Engeddi standen[2]). Als Theilnehmer an diesem Angriffe werden neben den Moabitern und Ammonitern auch „die Meunäer" (s. S. 41) erwähnt, statt welcher dann im weiteren Verlaufe der Erzählung die Bewohner des Gebirges *Se'ir* genannt werden[3]). Es folgt nun die bekannte Erzählung, wie diese Feinde, ohne Eingreifen der Judäer, in der Gebigswüste Judas sich gegenseitig vollständig aufreiben, sodass es den Judäern nur übrig bleibt, die ungeheure Beute einzuheimsen. Dass dieser Bericht auf geschichtlicher Ueberlieferung beruhe, wird von vielen Forschern mit Recht angenommen[4]), und lässt sich schon durch den Wechsel zwischen den realistischen „Meunäern" am Anfange der Erzählung und den stereotypen „Bewohnern Se'irs" des Chronisten beweisen. Aber diese Ueberlieferung ist in der wohlbekannten, eigenthümlichen Art des Chronisten mitgetheilt, wodurch eine strengere geschichtliche Ausnützung des Erzählten ausgeschlossen wird. In welchem Verhältnisse die Meunäer zu den übrigen Edomitern standen, lässt sich dessbalb nicht entscheiden.

Unter dem Sohne Josaphats, Joram, ging die judäische Herrschaft über Edom wieder verloren. Es gelang dem kleinen Gebirgsvolke, sich frei zu machen und sich unter einem einheimischen Könige zu sammeln[5]). Zwar machte Joram einen Versuch, das Verlorne wieder zu gewinnen, aber der Versuch misslang: nur mit Mühe rettete der König selbst sein Leben bei einem nächtlichen Angriffe der Edomiter[6]). Der Ort *Ṣâ'îr*, der bei dieser Gelegenheit erwähnt wird, lässt sich nicht mehr bestimmen. Die Aenderung in צְעִירָה[7]) ist doch etwas zu wohlfeil, während die viel ansprechendere Vermuthung, dass die Stadt *Ṣo'ar* gemeint

---

[1]) 2 Ch. 20. [2]) Für ארם V. 2 muss, wie so häufig, אדם gelesen werden.

[3]) V. 10. 22 f.

[4]) Vgl. Bertheau, Bücher der Chronik 339. Kittel, Gesch. II 241 ff. u. A. Das Königsbuch (I 22, 46) deutet ausdrücklich weitere Kriege des Königs an.

[5]) 2 Kg. 8, 20 ff.

[6]) So muss wohl der etwas dunkle Text verstanden werden, vgl. Stade, Gesch. I 537.

[7]) Thenius, Köhler u. A.

sei[1]), die Wiedergabe des Namens in der LXX durch Σειωρ oder Σιωρ gegen sich hat[2]).

Diejenigen Gelehrten, welche die Schrift Obadjas in dieser Zeit entstanden sein lassen, nehmen an, dass die Edomiter sich an der 2 Ch. 21, 16 f. erwähnten Razzia der Philistäer und Araber unter Joram betheiligt haben[3]). Aber diese Auffassung der kleinen prophetischen Schrift ist, wie wir sehen werden, kaum die richtige. Allerdings ist es sehr wahrscheinlich, dass sowohl der Verfasser der vorliegenden Schrift Obadja als Jer. 49 eine ältere Weissagung gegen Edom benutzt haben; wann aber diese entstanden ist, unter Joram oder etwas später, wissen wir nicht.

Kaum aber hatten die Edomiter ihre heissersehnte Freiheit durch Abschüttelung des judäischen Joches erreicht, da wurden sie ihrer wieder verlustig, indem eine bei weitem gewaltigere Hand sich über das kleine Land legte. Wir stehen nämlich jetzt in der Zeit, da die assyrischen Könige begannen, sich aus langer Ohnmacht zu erheben und ihre Blicke auf die kleinen, westasiatischen Staaten zu richten. Schon *Rammân-nirâri* III (812—783) zählt Edom unter den Staaten auf, die ihm Tribut bezahlten; dasselbe Schicksal betraf Phönizien, Ephraim und Philistäa, während dagegen Juda nicht erwähnt wird[4]).

Vielleicht hängt es mit dieser Demüthigung der Edomiter durch die Assyrer zusammen, dass es Amasja von Juda wieder gelang, den Edomitern gegenüber einige Vorteile zu gewinnen. Nach 2 Kg. 14, 7 besiegte er 10000 Edomiter im Salzthale (S. 20), worauf er „den Felsen“ angriff und eroberte, dem er den Namen *Joḳte'el* gab[5]). Wie es sich mit diesem Felsen verhält, haben wir oben S. 35 gesehen. Jedenfalls ist er nicht mit *Boṣra* identisch, was die Worte des Amos unmöglich machen.

---

[1]) So Ewald, Gesch. III 564.

[2]) Für *So'ar* hat die LXX nämlich Σηγωρ od. Σιγωρ, vgl. das arabische صُغَر und dazu ZDPV XV 70 f.; über die Lesart Jer. 48, 4. 34 s. Lagarde, Nominalformen 57. Gegen Conders Identificirung von צעירה mit dem beschwerlichen Doppelpass *Ez-zuwêret* an der Südwestseite des Todten Meeres (vgl. Robinson III 15 f. Luynes I 239) spricht das Verbum עבר, das auf eine Gegend östlich von der *'Araba* hinweist.

[3]) Vgl. Köhler II[b] 342 f.

[4]) Winckler, Textbuch 12, Tiele, Geschichte 206.

[5]) Die Parallelerzählung des Chronisten (II 25, 11 f.) erwähnt nicht die Eroberung des „Felsens“, berichtet aber, dass Amasja 10000 Edomiter „vom Gipfel des Felsens“ hinabstürzen liess. Ueber den Ursprung dieser Relation vgl. Bertheau.

Ebenso wenig liegt ein sicherer Beweis vor, der uns berechtigen könnte, an das spätere *Petra* zu denken. Ueberhaupt zeigen die Worte des Amos, dass der von Amasja eroberte Ort keine eigentliche Hauptstadt des edomitischen Reiches gewesen sein kann, deren Eroberung die Abhängigkeit des ganzen Landes mit sich führen würde, denn Edom ist bei Amos deutlich im Besitze seiner vollen Selbstständigkeit. Da nun aber der Nachfolger Amasjas im Besitze von *Elat* ist, so bedeutet der „Fels" wohl irgend einen für die Freiheit der Karawanenverbindung entscheidenden Punkt, der sich freilich nicht mit Sicherheit nachweisen lässt [1]).

Dass der Sieg Amasjas keine weiteren Früchte trug, war wohl die Folge seines unglücklichen Krieges mit Ephraim. Dagegen gelang es seinem Sohne, die Hafenstadt *Elat* (s. S. 39 f.) für Juda zurückzugewinnen, worauf er sie befestigte und so wieder den Schlüssel zum rothen Meere in seiner Hand hatte [2]). Von einer erneuerten Ophirfahrt erzählt das Königsbuch nichts, aber dass sie wirklich wieder aufgenommen worden ist, scheint aus der Erwähnung der Tarsisschiffe in einer Jugendrede des Jesaja hervorzugehen [3]).

Aus diesen Zeiten haben wir die Weissagungen des Amos, die auch für Edom von Bedeutung sind. Zunächst erwähnt der Prophet, dass die Edomiter einen eifrigen Zwischenhandel mit Sclaven trieben. Die Philistäer und Phönizier brachten massenweise Kriegsgefangene nach Edom, von wo sie wohl mit der Handelskarawane weiter transportirt wurden [4]).

Darauf folgt die Hauptstrophe gegen Edom:

So spricht Jahve: wegen dieser Frevelthaten Edoms und wegen vierer —
Nicht nehme ich es zurück!
Weil es seinen Bruder mit dem Schwerdte verfolgt
Und sein Mitleidsgefühl erstickt,
Weil er ohne Aufhör seinen Zorn nähret
Und seinen Grimm für immer bewahret,
Deshalb sende ich Feuer gegen *Têman*
Und es verzehret die Steinhäuser *Boṣras* [5]).

---

[1]) Man könnte auch annehmen, dass Amasja wirklich einen centralen Punkt erobert hätte, dass dieser aber bald wegen des unglücklichen Krieges mit Ephraim verlustig gegangen wäre; aber diesen Eindruck macht der Wortlaut 2 Kg. 14, 7 nicht.

[2]) 2 Kg. 14, 22. [3]) Jes. 2, 16.

[4]) Am. 1, 6. 9, vgl. Jo. 4, 6, 8, ob. S. 44 und Wellh., Skizzen V 69.

[5]) Lies ויטר für ויטרף, und שמר לנצח für שמרה נצח. Die ansprechende Ueber-

Freilich wären alle aus dieser Strophe gezogenen Schlüsse in betreff der Geographie und Geschichte Edoms hinfällig, wenn Wellhausen mit seiner Behauptung Recht hätte, dass sie als spätere Interpolation auszuscheiden sei[1]). Aber seine Gründe scheinen mir keineswegs durchschlagend. Ein reiner Scheingrund ist es doch, wenn Wellhausen schreibt: *Têman* und *Boṣra* kommen nur in der exilischen und nachexilischen Litteratur vor. Wir hören ja in den älteren Schriften so gut wie gar nichts von den edomitischen Städten, so dass eine solche Datirung vollständig in der Luft schwebt; vielmehr ist Amos 1, 11 f. für eine billige Kritik ein Beweis für die an und für sich nicht zu bezweifelnde Thatsache, dass *Têman* und *Boṣra* auch damals existirten. Grössere Bedeutung hat das andere Bedenken Wellhausens, dass man zu jener Zeit höchstens den Edomitern vorwerfen konnte, dass sie das judäische Joch abschütteln wollten, aber nicht die Anklagen, die wir Am. 1, 11 f. lesen. Aber wenn man an den zu allen Zeiten zu Tage tretenden, wilden und ungestümen Charakter der Edomiter denkt, da fällt es nicht schwierig anzunehmen, dass die Selbstbefreiung dieses Volkes unter Joram nicht besonders idyllisch verlaufen ist, und dass Greuelscenen aller Art auch während der Kämpfe unter Amasja und Uzzijja vorgefallen sind. Unter solchen Umständen scheint mir eine Verwerfung dieser Verse nicht berechtigt.

Ausserdem wird Edom erwähnt Am. 2, 1, aber als der leidende Theil, indem der Prophet den Moabitern als besondere Frevelthat vorwirft, dass sie die Gebeine eines edomitischen Königs zu Kalk verbrannt haben. Worauf diese Worte anspielen, wissen wir nicht, nur muss es eine ungeheure Missethat gewesen sein, da der Prophet nur sie erwähnt[2]).

Endlich gewinnt die Annahme, dass Edom zu dieser Zeit frei gewesen ist, eine Bestätigung durch die Art und Weise, wie Amos die Unterwerfung Edoms unter Gott als einen wesentlichen Zug der messianischen

---

setzung Rob. Smith's (Kinship 28 f.) *he burst the bonds of kinship*, vgl. arabisch قطع الرحم, hat den sonstigen Sprachgebrauch gegen sich, vgl. Nöldeke ZDMG XL 151.

[1]) Skizzen V 70.

[2]) Die Vermuthungen Köhlers (Gesch. II[b] 341) gehen davon aus, dass die Frevelthat Moabs eine Versündigung gegen Israel gewesen sein muss; aber diese Voraussetzung steht keinesfalls fest.

Hoffnung anführt, wobei übrigens Edom mehr beispielsweise unter den ehemals von David beherrschten Völkern erwähnt wird[1]).

Die unter Amasja und Uzzijja gewonnenen Vortheile gingen unter Ahaz wieder verloren. Der für die Geschichte der Israeliten so verhängnissvolle Versuch Ephraims und der damascenischen Aramäer, ein Gegengewicht gegen Asom zu bilden, hatte als nächste Aufgabe, die Selbstständigkeit Judas zu vernichten. Der Angriff brachte Ahaz in eine solche Noth, dass er zu dem verzweifelten Mittel griff, den assyrischen König zu Hülfe zu rufen. Ehe aber Tiglat Pilesar (im Jahre 734) dieser Aufforderung folgte, hatte schon jener Angriff mit sich geführt, dass die kurz vorher eroberte Hafenstadt *Elat* wieder den Judäern entrissen wurde. Der damascenische König eroberte nach dem überlieferten Texte diese Stadt und überliess sie den Edomitern. Doch ist die Vermuthung Klostermanns sehr beachtenswerth, wonach es die Edomiter selbst waren, welche die Noth der Judäer benutzen, um *Elat* zurück zu erobern[2]).

Nach 2 Ch. 28, 17 benutzen die Edomiter auch sonst die Verlegenheit des Ahaz und fielen plündernd in Juda ein.

Dagegen blieb Edom unter der drückenden Oberherrschaft Assurs. Zur Zeit jenes Krieges führt Tiglat Pilesar den edomitischen König *Kauš-malak* unter den Fürsten auf, die ihm Tribut bezahlten[3]). Allmählich rief dieser Zustand, der unverändert fortdauerte, als Hizkijja den Thron in Juda bestiegen hatte, eine wachsende Ungeduld und eine fieberhafte Unruhe unter den Vasallenstaaten Assurs hervor. Dass auch Edom von dieser Stimmung beseelt war, zeigt die kleine änigmatische Weissagung Jes. 21, 11 f., die man wohl am besten in dieser Zeit entstanden sein lässt[4]). Die kurze Rede des Sehers lautet:

Man ruft zu mir aus *Se'ir:*
Wächter, wie weit ist es in der Nacht,

---

[1]) Die Worte Am. 9, 8 ff. werden als unecht betrachtet von Wellhausen, Schwally, ZAW X 226 f., Stade, ebend. XI 128, Smend, Alttestamentliche Religionsgeschichte 183 f.

[2]) 2 Kg. 16, 6. Jedenfalls muss hier mit d. *Ḳeré* אדומים, und אֱדֹם für das 2. ארם gelesen werden. Klostermann will aber auch das erste ארם in אֱדֹם ändern und רצין streichen; in der That hatte *Reṣîn* wohl anderes zu thun, als den Edomitern *Elat* zu verschaffen.

[3]) Winckler, Textbuch 22. Tiele, Gesch. 233.

[4]) Duhm lässt das kleine Stück kurz nach 550 geschrieben sein, aber damals lauteten die Weissagungen über Edom anders; vgl. auch Kuenen, Ond. [2] 53.

Wächter, wie weit in der Nacht?
Der Wächter antwortet:
Der Morgen kommt, wenn es auch Nacht ist,
Wollet Ihr fragen, dann fraget — kommt nur wieder?

Nur durch eine solche Uebersetzung von V. 12 scheint es mir möglich, einen mit den Grundgedanken des Jesaja stimmenden und zugleich abschliessenden Gedankengang zu gewinnen, während die gewöhnlichen Uebersetzungen, auf deren Beurtheilung wir uns hier nicht einlassen können, alle an dem Fehler leiden, mit einer unaufgelösten Disharmonie zu schliessen.

Dass man indessen dem weisen Rath des Propheten, sich still erwartend zu verhalten, nicht folgte, geht aus einem assyrischen Bruchstücke hervor, worin Sargon erzählt, dass Philistäa, Juda, Edom und Moab, die bis dahin Tribut bezahlt hatten, untreu geworden waren und bei Aegypten Schutz gegen Assur suchten [1]). Den weiteren Verlaut dieses gefährlichen Unternehmens kennen wir nicht; doch liegt es nach den alttestamentlichen Berichten am nächsten anzunehmen, dass die drohende Ankunft des assyrischen Königs genügte, um die Aufrührer nüchtern zu machen und sie demüthig um Gnade bei Sargon bitten zu lassen. Nur *Asdod* wollte nicht nachgeben und wurde deshalb streng gezüchtigt. Als später Hizkijja es wirklich wagte, gestützt auf Aegypten, sich dem assyrischen Könige Sanherib zu widersetzen (im Jahre 701), hielt der edomitische König *Malikramma* (s. S. 48), wie auch die Moabiter und Ammoniter, sich zurück und bezahlte Sanherib den gewohnten Tribut.

Was sonst das Verhältniss zwischen Juda und Edom in dieser Zeit betrifft, enthält das Alte Testament eine Notiz, die möglicherweise Ereignisse unter Hizkijja zum Gegenstand hat [2]). Nach 1 Ch. 4, 42 f. zogen 500 Männer aus dem Stamme Simeon nach dem Gebirge Se'ir und rotteten den dort wohnenden Rest der Amalekiter aus, worauf sie sich ihrer Wohnungen bemächtigten. Ueber die alten Berührungen zwischen Edom und Amalek war schon oben (S. 52) die Rede; sie erklären leicht, dass die von den älteren israelitischen Königen beinahe aufgeriebenen Amalekiter sich den

---

[1]) Winckler, Textbuch 30 f.

[2]) Sicher ist es doch keineswegs, da der Textbericht ausdrücklich angiebt, dass der Zug in V. 42 mit dem V. 41 erwähnten gleichzeitig war; vgl. Nöldeke, Orient u. Occident II 630. Kuenen Ond. [2] II 54. Jedenfalls weist „bis auf diesen Tag“ auf eine verhältnissmässig alte Nachricht hin.

Edomitern angeschlossen und auf ihrem Gebirge, wahrscheinlich auf dessen nördlichem Theile, Schutz gesucht hatten[1]).

In den folgenden Zeiten erwähnt Assurhaddon (681—669) den edomitischen König *Kaušgabri* neben Manasse von Juda und anderen Königen des Westens als tributzahlenden Fürsten, nachdem der Assyrerkönig mit Grausamkeit den Aufstandsversuch Sidons unterdrückt hatte[2]).

Indessen nahte die Zeit, wo Edoms Hass gegen Juda eine unerwartete Befriedigung finden sollte. Die assyrische Weltmacht wurde zertrümmert; die Aegypter eroberten die westlichen Länder und träumten einen kurzen Traum, die alte Herrschaft der Pharaonen über diese Gegenden wieder zu errichten, ein Traum, dem der kaldäische Held, Nebukadresar, doch bald ein Ende machte, worauf die kleinen westlichen Staaten, und unter diesen wahrscheinlich auch Edom, die früheren Abhängigkeitsverhältnisse mit einer kaldäischen Oberherrschaft vertauschten. Zu dieser Zeit entstand vielleicht die Rede gegen Edom Jer. 49, 7—22, welche dieselbe ältere Weissagung zu benutzen scheint, die auch dem Buche Obadja zugrunde liegt[3]). Als Jojaḳim in Juda nach einiger Zeit seinen Eid gegen Nebukadresar brach, indem er wieder auf die lockende ägyptische Stimme hörte, begnügte der kaldäische König sich vorläufig damit, Streitschaaren aus den Nachbarländern gegen Juda zu hetzen, welche das Land arg misshandelten. Unter diesen Schaaren erwähnt 2 Kg. 24, 2 neben Kaldäern, Moabitern und Ammonitern auch Aramäer; es liegt aber hier wieder sehr nahe, in *Aram* einen Schreibfehler für *Edom* zu vermuthen, da ja die Edomiter zu den unmittelbaren Nachbarn Judas gehörten[4]).

Allmählich wurde aber der kaldäische Druck so peinlich, dass die Sehnsucht nach Freiheit die kleinen Völker momentan ihre gegenseitigen Antipathien vergessen liess. Als der Nachfolger des unglücklichen Jekonja, Ṣidḳijja, den judäischen Thron bestiegen hatte, kamen Gesandte aus Edom, Moab, Ammon, Tyrus und Sidon nach Jerusalem, um heimlich Pläne zu einem allgemeinen Aufstand zu schmieden. Der Prophet Jeremias ermahnte sie aber mit all seiner Energie, dem Rathschlusse Jahves

---

[1]) Gegen die Hypothese Hitzigs, die Simeoniten hätten ein Königreich *Massa* gegründet, s. Kuenen Ond. [2] III 69 f.

[2]) Winckler, Textbuch 42. Tiele, Gesch. 329. 346.

[3]) Vgl. Cornill, Einleitung § 21, 10; auch Smend zu Ez. 25, 13.

[4]) Köhler, Gesch. II 2, 477 nach Grätz und Klostermann.

nicht zu trotzen, der alle diese Länder in die Hand Nebukadresars gegeben hatte[1]). Seltsamerweise fanden seine Worte mehr Anklang bei den Fremden, als bei seinen Landsleuten; denn als Ṣidḳijja 6 Jahre später, auf Aegyptens Hülfe vertrauend, einen neuen Aufstand wagte, standen nur die Phönizier auf seiner Seite, während die andern Nachbarn sich klug zurückhielten. Der Lohn, der den Edomitern für diese Selbstbeherrschung zu Theil wurde, war gross. Das alte Testament bezeugt vielfach, dass Edom das entsetzliche Unglück seines Bruders Jakobs benutzen durfte und benutzt hat, um seinen leidenschaftlichen Hass zu kühlen. Gerade die schadenfrohe Grausamkeit des Brudervolkes machte den Judäern das Unglück vollends unerträglich, so dass in der Folgezeit der Name „Edom" für die Israeliten der Inbegriff aller Grausamkeit und Bosheit, der Gegenstand eines glühenden Hasses wurde.

Die ersten Nachrichten über dieses Ereigniss treffen wir wohl beim Propheten Ezechiel:

So spricht der Herr Jahve:
Weil *Edom* Rache geübt am Hause Juda
Und sich schwer verschuldet durch seine Rachsucht,
Deshalb spricht der Herr Jahve also:
Ich strecke meine Hand aus wider *Edom*,
Vertilge Menschen und Vieh aus ihm,
Mache es zu einer Wüste von *Têman* bis nach *Dedan*,
Durch's Schwerdt sollen sie fallen.
Ich lege meine Rache an *Edom* in Israels Hand,
Sie sollen mit Edom nach meinem Zorn und Grimme verfahren,
Dass die Edomiter meine Rache kennen lernen[2]).

Und weiter:

Menschensohn! richte dein Angesicht gegen das Gebirge *Se'ir*,
Weissage und sprich:
So spricht der Herr Jahve:
Fürwahr, an dich will ich, Gebirge *Se'ir*,
Wider dich strecke ich aus meine Hand,
Mache dich zur Wüste und Wüstenei;
Deine Städte will ich in Trümmer legen,
Zur Wüste sollst du werden,
Damit du erkennest, dass ich Jahve bin!

---

[1]) Jer. 27, 1 ff.
[2]) Ez. 25, 12—14.

Weil du ewige Feindschaft hegtest,
Weil du die Söhne Israel dem Schwerte preisgabest
Zur Zeit ihres Elendes, da ihre Sünde das Ende brachte,
Deshalb, so wahr ich lebe, spricht der Herr Jahve,
Durch Blut hast du dich verschuldet [1],
Deshalb wird Blut dich verfolgen.
Ich mache das Gebirge *Se'ir* zur Wüste,
Ich rotte aus, was geht und kommt.
Ich fülle seine Berge mit Erschlagenen,
Auf deinen Felsen, in deinen Thälern und Schluchten werden die Schwertgeschlagenen fallen,
Ich mache dich zu ewiger Wüste,
Deine Städte bleiben unbewohnt,
Damit du erkennest, dass ich Jahve bin!

Weil du sprachest:
Die beiden Völker, beide Länder sollen mein werden,
Wir wollen sie in Besitz nehmen —
Obwohl es Jahves Heim ist —
Deshalb, so wahr ich lebe, spricht der Herr Jahve:
Ich verfahre gemäss deinem Zorne und dem Grimme,
Den du in deinem Hasse an ihnen geübt,
Und werde an dir offenbar [2],
Wenn ich dich richte,
Damit du erkennest, dass ich Jahve bin!

All deine Lästerungen habe ich gehört,
Wie du von den Bergen Israels sprachest:
Wüste sind sie geworden, uns sind sie zum Frass gegeben!
Grosse Worte sprachet Ihr wider mich,
Eure Reden häuftet Ihr wider mich,
Ich habe es wohl gehört.
So spricht der Herr Jahve:
Wie du dich über das Land freutest, weil es verwüstet [3],
So werde ich mit dir verfahren.
Eine Wüste sollst du werden, Gebirge *Se'ir* und ganz *Edom*,
Damit sie erkennen, dass ich Jahve bin! [4]

Aus diesen Drohreden, wozu noch das Wort 36, 5 kommt: Edom sah sich das Land Jahves zum Besitze aus, geht es hervor, dass die Edomiter sich nicht nur im Allgemeinen über das Unglück Israels gefreut, sondern dass

---

[1]) Vgl. Cornill z. St. [2]) Vgl. Smend u. Cornill z. St.
[3]) Vgl. Cornill z. St. [4]) Ez. 35.

sie die günstige Gelegenheit benutzt haben, ihr eigenes Gebiet zu erweitern. Ja sie haben daran gedacht, beide Reiche, sowohl Juda als Israel, an sich zu reissen. In welchem Umfange es ihnen gelungen ist, wissen wir nicht, aber es ist wahrscheinlich, dass die Kaldäer keine zu grosse Machtentfaltung erlaubt haben. Wir können jedoch vermuthen, dass es den Edomitern gelungen ist, die ihnen am nächsten liegenden Theile Judas zu erobern.

Was wir in diesen Reden des Ezechiel lesen, wird an anderen Stellen des Alten Testamentes bestätigt. In den im Lande Juda während des Exils entstandenen Klageliedern heisst es[1]: Freue dich nur und juble nur, du Edomstochter, die du im Lande *'Uṣ* wohnst; auch an dich kommt der Becher, auch du wirst dich berauschen und in dem Rausche dich entblössen! Es fragt sich übrigens, ob der sonderbare und wenig passende Satz: die du im Lande *'Uṣ* wohnst, wirklich ursprünglich ist. Eine einfache geographische Angabe wäre hier ganz unmotivirt, und ein Hinweis darauf, dass Edom selbst zum Theil nach nördlichen Gegenden verdrängt worden ist[2], könnte höchstens die Bedeutung einer ernsten Warnung haben, was aber doch ziemlich gesucht wäre. Um so interessanter ist es, dass das Wort *'Uṣ* in der LXX fehlt[3]; dürfte man danach einen Text vermuthen: die du im Lande d. i. im Lande Jahves wohnst, so wäre dies unleugbar ein ausserordentlich treffender Satz gerade unter den damaligen Verhältnissen.

Noch der Dichter des 137. Psalms kann nicht an die furchtbare Zeit des Exils denken, ohne an Gott die Bitte zu richten: Gedenke Edoms Söhnen den Unglückstag Jerusalems, da sie riefen: herunter, herunter, bis in den Grund mit dir!

Dass auch die Verse Obadja 10 ff. sich auf dieses Ereigniss beziehen, wird immer die natürlichste Annahme bleiben, denn die dort gegebene Beschreibung passt so vollständig auf jene Zeit, dass keine andere Erklärung in Betracht kommen kann:

> Wegen des Frevels an deinem Bruder Jakob wird Schande dich bedecken,
> Sollst du für immer vernichtet werden!

---

[1]) Thr. 4, 21. [2]) Vgl. z. B. Wetzstein bei Delitzsch, Hiob [2] 589.

[3]) Die Lesart lautet: *ἐπὶ γῆς* oder *ἐπὶ τῆς γῆς*; nur einige Handschriften haben *Οὔζ* s. Field, Hexapla II 760.

Als du dabei standest, da Fremde sein Gut wegschleppten,
Als Barbaren durch sein Thor schritten und über Jerusalem das Loos warfen;
Da warst du nicht besser wie sie.
Weide dich nicht am Unglückstage deines Bruders, am Tage seines Unheils,
Freue dich nicht über die Söhne Judas am Tage ihres Elendes,
Sprich keine grossen Worte am Tage des Unterganges!
Komm nicht ins Thor meines Volkes am Tage seines Unheils,
Weide dich nicht an seinem Unglück am Tage seines Unheils,
Greife nicht nach seinem Gute am Tage seines Unheils!
Stehe nicht am Schlüpfwege, um seine Flüchtlinge zu tödten.
Verrathe nicht seine Entronnenen am Tage der Noth,
Denn nahe ist der Tag Jahves gegen alle Völker,
Wie du gethan, geschieht es dir,
Deine That fällt auf dein eigenes Haupt zurück![1])

Wie Edom durch jenes Gebahren am Unglückstage seines Bruders dem prophetischen Bewusstsein der Inbegriff der das Volk Gottes mit wildem Ingrimm verfolgenden Welt wurde, zeigt uns die Weissagung Jes. 34, wo das allgemeine Weltgericht sich ohne besondere Vermittelung plötzlich als ein Gericht über Edom concentrirt[2]). Nachdem nämlich der Prophet das Weltgericht in allgemeinen Zügen verkündigt hat, fährt er fort:

Mein Schwert schwebt kreisend am Himmel[3]),
Und plötzlich fährt es auf Edom hinab,
Auf das Volk meines Bannes, zum Gericht.
Das Schwert Jahves trieft von Blut,
Wird getränkt mit Fett,
Vom Blut der Schaafe und Böcke,
Vom Nierenfette der Widder.
Denn ein Opferschlachten hält Jahve in *Boṣra,*
Eine grosse Schlachtung im Lande Edom.

---

[1]) So sicher diese Verse auf die Zerstörung Jerusalems zurückblicken, so unwahrscheinlich ist es, dass V. 1—9 zu derselben Zeit entstanden sein sollten. Die Darstellung ist hier wesentlich anders, während inhaltlich nur der Stolz des sicher wohnenden Gebirgsvolkes gerügt wird; dazu kommen die nur hier hervortretenden Berührungen mit Jer. Cap. 49, das andererseits nicht als das Original gelten kann. Mit Recht wird deshalb die Hypothese eines „Urobadja“ vertreten von Kuenen, Ond. 2 II 367 f. Driver, Introduction 298 f. König, Einleitung § 70. Cornill, Einl. § 26 u. a. Anders Wellhausen, Skizzen V 204 f.

[2]) Ob dieses Cap. während des Exils oder (nach Cheyne, Kuenen, Ond. II 91) nach dem Exile entstanden ist, ist hier ohne Bedeutung.

[3]) Für das unpassende רִוְּתָה muss hier wahrscheinlich eine Ableitung von דוה (vgl. ראה) gelesen werden.

Die Wildochsen steigen hinab mit . . . . [1]
Die Farren mit den Stieren.
Es trieft ihr Land von ihrem Blute.
Sein Staub wird mit Fett getränkt,
Denn einen Rachetag feiert Jahve,
Ein Vergeltungsjahr der Beschützer Sions [2].
Seine Schluchten verwandeln sich in Pech,
Sein Staub in Schwefel,
Sein Land wird zu flammendem Pech,
Das nicht erlöschet bei Tag und Nacht,
Dessen Rauch unaufhörlich emporsteigt;
Von Geschlecht zu Geschlecht ist es öde,
In aller Ewigkeit wird Niemand es durchziehen.
Pelikan und Rohrdommel werden es besitzen,
Eule und Rabe drin nisten.
Er legt daran die Schnur des Abbruches,
Das Bleigewicht des Niederreissens.
Seine Freiherren . . . . [3])
Seine Edlen sind daheim.
Seine Steinhäuser überwuchert Dorngesträuch . . . .

Nach dem überlieferten Texte enthält noch eine andere Stelle im Buche Jesaja eine ähnliche Verkündigung des Weltgerichtes in der Form einer Drohrede gegen Edom, nämlich das grossartige Wechsellied Jes. 63, 1 ff.:

Wer ist es, der da kommt von *Edom,*
Mit rothen Kleidern aus *Boṣra,*
Aufschwellend im Gewande,
Herschreitend [4] in seiner gewaltigen Kraft? —
Ich bin es, der Gerechtigkeit verheisst,
Der reich an Hülfe ist! —
Warum ist dein Gewand roth gefleckt,
Deine Kleider wie die eines Keltertreters? —
Ich trat die Kelter allein,
Von den Völkern stand Niemand mir bei;
Ich trat sie in meinem Zorn,
Zertrat sie in meinem Grimm,
Ihr Blut spritzte auf meine Kleider,
Mein Gewand habe ich besudelt . . . .

---

[1]) Offenbar fehlt hier ein Wort; Duhm schlägt מְרִאִים vor.
[2]) Man liesst wohl am besten רָב, vgl. 19, 20.
[3]) Nicht mehr verständlich, vgl. S. 47. [4]) Liess mit de Lagarde u. A. צֹעֵד.

Ich zerstampfte die Völker in meinem Zorn,
Zerdrückte sie in meinem Grimm,
Und liess ihr Blut zur Erde hinabfliessen.

In diesem Falle hat die Bedeutung von אדם, roth sein, und die in *Boṣra* liegende Anspielung auf בצר es noch näher gelegt als in Cap. 34, das Weltgericht auf ein *Edom*-gericht zu concentriren. Indessen ist die Vermuthung Lagardes und Duhms, wonach V. 1 ursprünglich מְאָדָּם, geröthet, und irgend eine Ableitung von בצר, Trauben abschneiden, hatte, sehr ansprechend, besonders weil Edom sonst in Jes. 40—66 nicht vorkommt. Dann beschreibt V. 1 nur die Erscheinung des Weltrichters.

Die uns in diesen Schriften entgegentretende Stimmung gegen *Edom* blieb in der ganzen folgenden Zeit die herrschende. Selbst der milde und besonnene Jesus Sirach bricht einmal in den leidenschaftlichen Ausruf aus:

Zwei Völker hasst meine Seele,
Und ein drittes ist gar kein Volk:
Die Bewohner des Gebirges *Se'ir* und die Philistäer
Und das thörichte Volk, das in Sichem wohnt [1]).

Die Ausdrucksweise ist hier rein traditionell, denn damals wohnten die Edomiter nicht mehr auf dem Gebirge *Se'ir*, aber die Verbitterung selbst ist deutlich actuell und nicht durch reines Schriftstudium erzeugt.

Wie endlich „Edom" bei den späteren Juden als Vertreter der feindlichen Weltmacht geradezu Bezeichnung für Rom und die römische Weltmacht wurde, ist bekannt. Es war eine spielende, halb versteckende Benennung, welche nicht nur die erwähnten prophetischen Stellen, sondern auch die Aehnlichkeit zwischen *Edom* und *Adam* nahe legten [2]). Dies übte dann wieder rückwirkende Kraft auf die Exegese aus, indem nun die Stellen, wo *Edom* rein historisch erwähnt wird, auf Rom übertragen wurden, z. B. der Kampf zwischen Jakob und Esau Gn. 25, oder Thr. 4, 21, das im Targum lautet: freue dich nur Konstantinopel, du Stadt Edoms, die du im römischen Reiche gebaut bist, über die zahlreichen Schaaren des Volkes Edom [3]). —

---

[1]) Sir. 50, 25. Für das unbrauchbare *ἐν ὄρει Σαμαρείας* ist mit d. Lat. u. Syr. „auf dem Gebirge *Se'ir*" zu lesen; unsicherer dagegen ist es, ob man, mit Ewald und Cheyne, Job and Solomon 193, *μωρός*, in „emoritisch" ändern soll.

[2]) Vgl. z. B. die LXX zu Amos 9, 12 f. [3]) Vgl. z. B. Hieron. zu Jes. 34, 7, Vitringa Jes. II 332. Weber, Altsynagogale Theol. 348 f. ZDMG XXXI 305.

Wir kehren nach dieser Abschweifung zur Zeit des Exils zurück. Nach den oben besprochenen prophetischen Stellen könnte man erwarten, dass in der Geschichte der zurückgekehrten Juden das Verhältniss zu den in ihr Land eingedrungenen Edomitern eine Hauptrolle spielen musste. In der That hat Ewald von dieser Voraussetzung aus die Geschichte der ersten Jahre der neuen Gemeinde construirt[1]). Nach ihm wollte Kyros die Idumäer aus ihren seit 50 bis 60 Jahren besessenen Wohnungen in Juda nicht vertreiben. Noch 20 Jahre später, als Zacharja redete, waren (nach Zach. 7, 2. 7) die südlichen und westlichen Striche des alten Stammlandes Juda noch nicht wieder von Israel angebaut. Erst gegen die Zeit Nehemjas hin muss es den Judäern gelungen sein, wieder im südlichen Juda festen Fuss zu fassen, wie es aus der Liste Neh. 11, 21—35 hervorgeht.

Einen directen Gegenbeweis gegen diese Construction hätten wir, wenn die Liste Neh. 11, 25 ff., wie es von mehreren Gelehrten angenommen wird, nicht die Verhältnisse unter Nehemja, sondern schon die unter Zerubabel beschriebe[2]). Aber auch wenn man von diesem Beweise absieht, wird man die Darstellung Ewalds nicht gutheissen können. Entscheidend spricht nämlich gegen sie, dass die Bücher Esra und Nehemja mit keiner Sylbe eines Kampfes zwischen den Zurückgekehrten und den Edomitern Erwähnung thun, was nach dem Ewald'schen Geschichtsbilde schwer zu begreifen wäre. Man wird deshalb am besten annehmen, dass es die Perser selbst waren, die dafür sorgten, dass die Edomiter die israelitischen Landstrecken, deren sie sich während des Exils bemächtigt hatten, an die zurückkehrenden Exulanten abtreten mussten, so dass diese von Anfang an das südliche Land im alten Umfange bewohnen konnten[3]).

---

[1]) Ewald, Gesch. IV 105—107.

[2]) So Stade, Geschichte II 58. 109. Cornill, Einleitung § 45, 4, während Smend, Die Listen der Bücher Esra und Nehemias 9 f. 23, sich nicht entscheidet. In der That sprechen sehr viele Gründe für diese Auffassung, wenn auch die unklare Darstellung 11, 1 f. keine bestimmte Entscheidung erlaubt. Jedenfalls lässt sich der von Köhler II, 2, 564 not. erhobene Einwand kann dagegen geltend machen, da die betreffende Schwierigkeit ja auch bei der gewöhnlichen Erklärung bleibt, wie der von Köhler selbst S. 632 eingeschaltete Satz „ausser dem durch seine dienstliche Stellung auf Jerusalem angewiesenen Cultuspersonal" beweist.

[3]) Vgl. Smend, a. a. O. 22 ff. Stade, Gesch. II 111.

Unter den nachexilischen Propheten macht Maleachi noch einmal Edom zum Gegenstand einer zeitgeschichtlich veranlassten Erwähnung:

Euch habe ich meine Liebe zugewandt, spricht Jahve.
Ihr entgegnet: Wodurch hast du uns wohl diese Liebe bewiesen?
Ist nicht Esau Jakobs Bruder, spricht Jahve,
Und Jakob liess ich meine Liebe, Esau meinen Hass empfinden.
Seine Berge habe ich verwüstet,
Sein Land habe ich den Wölfen der Wüste gegeben.
Wenn auch Edom spricht: uns traf ein Unglück,
Aber wir bauen die Trümmer aufs neue!
So spricht Jahve der Heerschaaren:
Mögen sie auch bauen, ich reisse nieder,
Land der Sündenschuld sollen sie heissen,
Das Volk, dem Jahve ewig zürnet.
Ihr selbst werdet es sehen und sprechen:
Gross ist Jahve über Israels Grenzen hinaus[1])!

Auch diese Worte sprechen dafür, dass die Edomiter damals nur ihr eigenes Gebirgsland und nicht theilweise Juda bewohnten. Weiter weisen sie auf ein Unglück hin, das Edom in offenbar nicht zu weit entfernter Zeit getroffen, und das einen klaren Gegensatz zu dem relativ ruhigen Zustand in Israel bildete. Man hat, um dies Verhältniss zu erklären, die verschiedensten Hypothesen aufgestellt, aber meistens mit wenig Glück. Ganz abzuweisen ist die noch von Meisner[2]) vertretene Vermuthung, wonach Nebukadresar 16 Jahre nach der Zerstörung Jerusalems nicht nur die von Josephus erwähnten Ammoniter und Moabiter, sondern auch die Edomiter unterworfen haben sollte. Smend und Stade[3]) beziehen die Worte Maleachis auf die persische Action, durch welche die Edomiter gezwungen wurden, den zurückkehrenden Judäern ihr Land zurückzugeben, wobei es aber unbewiesen ist, dass diese Action zu einer Verwüstung des edomitischen Landes selbst geführt habe. Andere denken an die Kriege zwischen den Persern und den Aegyptern[4]), was aber noch weniger

[1]) Mal. 1, 1—5.

[2]) Zeitschr. für lutherische Theol. XXIII 237 f. nach Jos. Arch. 10, 9, 7.

[3]) Smend, Listen 24. Stade, Geschichte II 112.

[4]) So Köhler, König, Einleitung 377 u. A. Hitzig, Geschichte Israels 305, vermuthete nach einer unbestimmten Andeutung bei Isokrates, Panegyrikos § 140, dass die Aegypter Edom verheerten, als das von Artaxerxes Mnemon gegen sie geschickte Heer sich zurückgezogen hatte.

befriedigt, da diese verheerenden Züge eher Juda als dem entlegenen Edom geschadet haben werden. Dagegen hat Wellhausen[1]) die höchst ansprechende Hypothese aufgestellt, dass die Worte Maleachis die erste Nachricht enthalten von den Einfällen der *Nabatäer* in Edom, die schliesslich dazu führten, dass diese arabischen Stämme sich im Gebirge *Se'ir* festsetzten und die alten Bewohner verdrängten. Gerade damals fand das grosse Vorrücken der arabischen Stämme gegen Norden statt, wovon die Propheten Jeremias und Ezechiel die ersten Spuren aufweisen, und welches zur Zeit des Nehemia schon so weit fortgeschritten war, dass ein „Araber" *Gašmu* unter den Feinden dieses Mannes eine Hauptrolle spielt[2]). Bei der hohen Wahrscheinlichkeit dieser Erklärung gewinnt die Frage nach der Abfassungszeit der Schrift Maleachi Bedeutung für die edomitische Geschichte. Und hier kann wohl jetzt so viel als sicher betrachtet werden, dass wir entweder an die Zeit kurz vor der Ankunft Esras im Jahre 458[3]) oder an eine Zeit unmittelbar nach der Reformation Esras[4]), also jedenfalls an den mittleren Theil des 5. Jahrhunderts denken müssen.

Die in den Worten Maleachis liegende Drohung gegen Edom ist in der That in Erfüllung gegangen, denn jene Verwüstung des Landes durch die Araber war nur das Vorspiel der vollständigen Eroberung Edoms durch die Nabatäer, die im weiteren Laufe der persischen Periode stattgefunden haben muss. Am Ende des 4. Jahrhunderts ist, wie die oben S. 33 f. erwähnten Kriegszüge des Antigonus unzweifelhaft zeigen, das Land ganz in den Händen der Nabatäer. Natürlich bedeutet dies nicht, dass die Edomiter vollständig aus dem Gebirge *Se'ir* verschwanden. Viele von ihnen sind natürlich im Lande geblieben und haben sich mit den Eroberern amalgamirt, wie es ja überall im nabatäischen Reiche der Fall war[5]).

Ein anderer Theil der edomitischen Bevölkerung verliess aber die alte Heimath östlich von der *'Araba*. Zunächst haben sie sich wohl nach

---

[1]) Skizzen V 205. [2]) Neh. 2, 19. 6, 1.

[3]) So Reuss, Stade, Cornill, Wellhausen, König u. A.

[4]) So Köhler, Orelli, Kuenen, Driver u. A.

[5]) Wellhausen (Skizzen V 205 f.) weist auf die vielen hebräischen Namen bei den Nabatäern (Skizzen III 1) hin. — Die Geschichte der Nabatäer liegt ausserhalb des Rahmens dieser Arbeit; es genügt desshalb auf die Darstellung bei Schürer, Gesch. d. jüd. Volkes I 609 ff. und die dort zusammengestellte Litteratur zu verweisen.

dem *'Azâzime*-gebiete westlich von der *'Araba* geflüchtet; da aber diese Gegend von der Natur zu stiefmütterlich behandelt war, suchten sie in den Besitz besserer Landstriche zu kommen, und so gelang es ihnen aufs neue die südlichen Theile von Judäa zu erobern, die sie, wie oben erwähnt, schon im Exile inne gehabt hatten. Hier richteten sie sich nun ein und setzten sich so fest, dass in der Folgezeit diese ganze Gegend unter dem Namen *Idumäa* erwähnt wird, während ihr altes Gebiet östlich von der *'Araba* den arabischen Namen *Gebal* bekam (S. 32). Schon bei der Erzählung von Antigonus' Kämpfen spricht Diodor. Sic.[1]) von der idumäischen Eparchie oder Satrapie, von welcher er etwas auffallend sagt, dass das Todte Meer in seiner Mitte liege. Ueber die Lage und Ausdehnung dieses Neu-Edom geben die geschichtlichen Berichte aus den folgenden Zeiten gelegentlich Aufschluss. Es gehörte dazu eine Landschaft *Akrabatene*, die ohne Zweifel die Gegend um die alte *Akrabbim*-stiege (S. 24) bezeichnet und also theilweise alten edomitischen Boden umfasste[2]). Gegen Norden bezeichnete die Festung *Bethsura*, die jetzige *Burǵ sûr* ungefähr zwei Stunden nördlich vom Hebron, einen Grenzpunkt[3]); nach Nordwesten erstreckte das edomitische Gebiet sich gegen *Gaza* hin[4]). Gelegentlich ist von idumäischen Städten die Rede, die aber sonderbarer Weise nur z. Th. mit den altisraelitischen Städten im südlichen Juda oder mit den jetzigen Dörfern und Ruinen dieser Gegend identificirt werden können. Unter diesen Städten war die wichtigste die alte, in Israels Geschichte tief eingreifende Stadt *Hebron* mit den umliegenden Landstädten[5]); ferner werden erwähnt *Adora*, das alte *Adoraim*, jetzt *Dura* westlich von Hebron[6]); *Marissa*, das alte *Mareša*, jetzt wohl *Merâš* nordöstlich von *Gaza*[7]); *Aluros*, das man vielleicht mit dem alten *Halhul*, jetzt *Ḥâlḥûl* zwischen *Bethsur* und *Hebron*, zusammenstellen könnte[8]); *Betaris* und *Kaphartoba*[9]),

---

[1]) Diod. XIX 95. 98.

[2]) Diese Landschaft, die nicht mit dem nördlichen *Akrabatene* verwechselt werden darf (wie es z. B. bei Ewald, Gesch. IV 105. Bertheau zu Ri. 1, 36 geschieht), wird sicher erwähnt 1 Makk. 5, 3. Jos. Arch. 12, 8, 1, wahrscheinlich auch Bell. 4, 9, 4.

[3]) 1 Makk. 4, 29 vgl. 14, 33. [4]) Joseph. Gegen Apion II 9.

[5]) 1 Makk. 5, 65.

[6]) Joseph. Arch. 13, 6, 5. 9, 1. 15, 4. Bell. 1, 2, 6; vgl. Guérin, Judée III 353 f.

[7]) 1 Makk. 5, 66. Jos. Arch. 13, 9, 1. 15, 4. Bell. 1, 2, 6.

[8]) Joseph. Bell. 4, 9, 6; vgl. Guérin III 284 ff. In Onomast. (Lag. 119, 8) lautet der Name *Alula*. [9]) Joseph. Bellum 4, 8, 1.

Kaphetra und *Kapharabis*[1]). Das ganze Gebiet heisst 1 Makk. 4, 15 die „Ebene Idumäas". Josephus spricht von einem „Oberidumäa", was wohl in dem bis zu 1027 m aufsteigenden Gebirge (*Siret el-bellâ'a*) nördl. von Hebron gesucht werden kann, und einem Gross-Idumäa, das wohl denselben Theil des Landes bezeichnen soll[2]).

Ueber die Geschichte dieses „Neu-Edom" in dem ersten Theile der griechischen Periode sind wir nur wenig unterrichtet. Die oben erwähnte Erzählung Diodors setzt voraus, dass es in den Händen des Antigonus war. Ueberhaupt wird es ohne Zweifel dasselbe Schicksal gehabt haben wie das eigentliche Judäa in diesen stürmischen und wechselvollen Zeiten, also bald im Besitze Aegyptens, bald im Besitze Syriens gewesen sein. Es war deshalb gewiss nicht unrichtig, wenn *Kostobaros* (S. 83) später seine an Kleopatra gerichtete Aufforderung, sich Idumäas zu bemächtigen, mit einem Hinweis darauf begründete, dass dies Land ihren Vorgängern gehört hatte[3]).

Etwas näheres erfahren wir erst, als die Quellen der jüdischen Geschichte wieder reichlicher zu fliessen beginnen, wobei wir vor allem sehen, dass die Idumäer auch in ihrem neuen Lande ihre alte Wildheit und ihren Hass gegen die Israeliten treu bewahrt hatten. Es ist deshalb leicht erklärlich, dass die syrischen Heere, welche die makkabäische Freiheitsbewegung zurückdrängen wollten, mehrmals von Süden her in Judäa eindrangen, wo nicht nur das Land am zugänglichsten war, sondern wo sie auch Beistand bei den Idumäern finden konnten. Dies war schon der Fall mit Lysias, als er im Jahre 165 gegen Juda vorrückte. Der grosse Sieg, den Juda gewann, brachte indessen die idumäische Stadt *Bethsur* in seine Hände, worauf er sie sofort befestigte als ein Bollwerk gegen die idumäischen Feinde[4]). Bald darauf griff Juda selbst die Idumäer an, indem er die Bewohner *Akrabatenes* überfiel und plünderte[5]). Etwas später gelang es ihm, die feste Stadt *Hebron* zu erobern, deren Festungswerke er zerstören liess; auch die umliegenden Dörfer fielen in seine Hände, während von einer eigentlichen Eroberung des Landes vorläufig natürlich keine Rede sein konnte[6]). Als dagegen Juda an der Stadt

---

[1]) Joseph. Bell. 4, 9, 9. [2]) Joseph. Bell. 4, 9, 9. 4.
[3]) Joseph. Arch. 15, 7, 9. [4]) 1 Makk. 4, 28 ff. 61.
[5]) 1 Makk. 5, 3. Joseph. Arch. 12, 8, 1. [6]) 1 Makk. 5, 65 vgl. 2 Mk. 10, 15.

Mareša vorbeizog, fielen einige Priester, die tollkühn einen Angriff auf die Idumäer wagten [1]). Auch im Jahre 163 zog das syrische Heer unter Antiochus V. und Lysias durch Idumäa, um Judäa von Süden her anzugreifen, wobei sie zunächst die Festung *Bethsur* belagerten [2]).

Nachdem der makkabäische Freiheitskampf zur Gründung eines makkabäischen Reiches geführt hatte, betrachtete Johannes Hyrkan es als ein wesentliches Glied seiner nationalen Bestrebungen, die von den Edomitern bewohnten, altheiligen Gegenden zurückzugewinnen. Der Versuch gelang. Nachdem mehrere Städte, darunter *Adora* und *Mareša*, erobert waren, mussten die Edomiter sich unterwerfen und wurden nun gezwungen, entweder das Land zu verlassen oder die Beschneidung anzunehmen [3]). Sie zogen das letztere vor, und so entstanden die judaisirten Idumäer, die von den Juden gründlich verachtet wurden und doch eine so tief eingreifende Rolle in der letzten Periode der jüdischen Geschichte spielen sollten. Die Juden bekamen wiederholt Anlass zu bereuen, dass sie diesen wilden Stamm, dessen ungebändigte Kriegslust Josephus öfters schildert [4]), in ihr Volk aufgenommen hatten.

Der makkabäische König Alexander (104—78) hatte einen Idumäer, Namens *Antipas*, zum Statthalter über die idumäische Provinz bestellt [5]). Durch reiche Geschenke gelang es diesem klugen Manne, die Philistäer in *Gaza* und *Askalon* und die Nabatäer im alten Edom zu gewinnen, so dass sie ein Bündniss mit ihm eingingen [6]). Was er begonnen hatte, setzte sein ebenso schlauer Sohn *Antipas* oder *Antipater* fort. Er heirathete die Tochter des nabatäischen Königs *Cypris*, von der er 4 Söhne, *Phasael*, *Herodes, Joseph* und *Pheroras*, und eine Tochter, *Salome*, bekam. Seinen

---

1) 1 Makk. 5, 66, nach Jos. Arch. 12, 8, 6 zu verbessern (gegen Grimm z. St.).

2) 1 Makk. 6, 31.

3) Joseph. Arch. 3, 9, 1. Bell. 1, 2, 6. Aus demselben Grunde mussten die Idumäer in Galiläa sich beschneiden lassen, Arch. 13, 11, 3.

4) Joseph. Bell. 4, 4, 1. 5, 2.

5) Nach Joseph. Bell. 1, 6, 2 war er von edler idumäischer Familie. Ueber die Relation des Julius Africanus, wonach der Grossvater Herodes des Grossen Herodes hiesse und ein Hierodule aus Askalon wäre, dessen Sohn Antipater von idumäischen Räubern nach ihrem Lande gebracht worden sei, vgl. Schürer, Gesch. I 233 f. Die Behauptung des Nicolaus Damascenus, die Familie Antipaters sei eine echt jüdische gewesen, hat Josephus, Arch. 14, 1, 3 richtig als ungeschichtliche Schmeichelei beurtheilt.

6) Joseph. Arch. 14, 1, 3.

ehrgeizigen Plänen bot der nach dem Tode Alexandras (Jahr 69) beginnende Kampf zwischen Aristobulus II und Hyrkan II eine erwünschte Gelegenheit, sich in die jüdischen Verhältnisse zu mischen. Er schloss sich dem schwachen und bequemen Hyrkan an und brachte ihn mit grosser Mühe so weit, dass er trotz des mit seinem Bruder geschlossenen Friedens nach *Petra* zu dem mit Antipater verschwägerten nabatäischen Könige entfloh. Der Nabatäer versprach ihm Hülfe, nachdem Hyrkan sich erst verpflichtet hatte, die von Alexander Jannäus den Nabatäern abgenommenen Städte zurückzugeben [1]).

Als die von Antipater gelegte böse Saat üppig emporwuchs, verstand er es ausgezeichnet, als Rathgeber seines schwachen Herrn seine Politik nach dem günstigen Winde zu richten, so dass seine Macht im fortwährenden Steigen war. Sein Werk setzte sein Sohn Herodes, wohl der echteste Typus eines Idumäers, fort, bis er schliesslich im Jahre 40 die Frucht seiner und seines Vaters Anstrengungen erntete, als er zum König der Juden ernannt wurde.

Zu seinem Reiche gehörte natürlich auch das judaisirte Idumäa. Gleich nach seiner Thronbesteigung machte er einen seiner Freunde, den Idumäer *Kostobar* (s. S. 48), der ihm bei der Eroberung Jerusalems behülflich gewesen war, zum Statthalter über diese Provinz und gab ihm ausserdem seine Schwester Salome zur Frau, nachdem ihr erster Mann Joseph im Jahre 34 das Schicksal gelitten hatte, das nach und nach alle erreichte, die Herodes nahe standen. *Kostobar,* der von Treue und Wahrhaftigkeit dieselben Begriffe hatte wie sein mächtiger Landsmann, stellte sich an die Spitze der Unzufriedenen in Idumäa und wandte sich an Kleopatra mit der Bitte, sich des Landes zu bemächtigen und sie so von Herodes und den Juden zu befreien. Antonius war indessen fest genug, Kleopatras Bitte, in den Besitz Idumäas zu gelangen, abzulehnen. Als Herodes diesen Verrath erfuhr, wollte er natürlich sofort Kostobaros tödten lassen, liess sich aber durch Salomes Flehen bewegen, ihm zu verzeihen. Es dauerte indessen nicht lange, da wurde das Verhältniss zwischen den beiden Eheleuten so gespannt, dass Salome jetzt ihren Mann verliess und sich zu ihrem Bruder begab mit dem festen Vorsatze, den Kostobar zu

---

[1]) Arch. 14, 1, 4; über einige Verbesserungen des heillos verderbten Textes s. oben S. 42.

vernichten. Die Ausführung dieses Planes war leicht, da sie nur dem Herodes ein bisher verborgenes Geheimniss zu verrathen brauchte, nämlich dass Kostobar einigen entfernten Verwandten des Hasmonäerhauses, den Söhnen Baba's[1]), nicht nur bei der Belagerung Jerusalems aus der Stadt herausgeholfen hatte, sondern sie noch jetzt in seinem Lande versteckt hielt. Herodes schickte sofort Leute, die jene Hasmonäer und zugleich Kostobar tödteten. Dies geschah im Jahre 25[2]).

Nachdem Herodes (im Jahre 23) die reichen Landschaften Trachonitis, Batanäa und Auranitis bekommen hatte, suchte er das dort blühende Räuberunwesen durch Ansiedelung von Fremden zu überwinden; zu diesen Deportirten gehörten auch 3000 Idumäer, die nach Trachonitis geführt wurden[3]).

Nach dem Tode seines berühmtesten Sohnes fiel Idumäa mit Judäa und Samaria dem Ethnaresen Archelaus zu[4]), aber schon im Jahre 6 n. Chr. musste dieser seinen Besitz aufgeben, der nun mit der römischen Provinz Syrien, wenn auch unter einem eigenen Procurator, vereinigt wurde. Dies neue römische Gebiet wurde in Toparchien getheilt, unter welchen eine den Namen Idumäa trug[5]).

Als Theil der römischen Provinz wurde auch Idumäa in den furchtbaren Strudel des letzten verzweifelten Freiheitskrieges mit hineingezogen. Als man nach dem unerwarteten Siege bei *Bethhoron* 66 n. Chr. daran denken konnte, die Revolution wirklich zu organisiren, und deswegen Vertrauensmänner über die verschiedenen Theile des Landes setzte, übergab man die Leitung von Idumäa den Männern Jesus, dem Sohne Sapphias, und Eleazar, dem Sohne des Hohenpriesters Ananias; der bisherige Gouverneur in Idumäa, Niger, bekam Befehl, diesen beiden Bevollmächtigten zu gehorchen[6]). Nachdem später, Dank der zweideutigen Leitung des Josephus, der Aufstand in Galiläa kläglich gescheitert war, concentrirte sich die ganze Bewegung um Jerusalem, wohin Johannes von Gischala entflohen war. Bei dem in der Hauptstadt entstandenen entsetzlichen Bürgerkriege zwischen den Zeloten und den Gemässigten spielten die

---

[1]) Niese hat die Lesart Σαββα aufgenommen.

[2]) Joseph. Arch. 15, 7, 9—10. [3]) Joseph. Arch. 16, 9, 2.

[4]) Joseph. Arch. 17, 11, 4.

[5]) Joseph. Bell. 3, 3, 5; vgl. hierzu Schürer II·137 ff.

[6]) Joseph. Bell. 2, 20, 4.

Idumäer eine nicht unbedeutende Rolle. Die im Tempelhofe eingesperrten Zeloten schickten nämlich Boten nach Idumäa, um die Bewohner aufzufordern, ihnen Hülfe zu leisten in ihrem Kampfe gegen die Gemässigteren, die jetzt daran dachten, das Volk den Römern auszuliefern. Für die zum Morden und Plündern immer bereiten Idumäer war diese, zumal durch eine falsche Verdächtigung gestützte, Aufforderung höchst willkommen; mit wahnsinnigem Eifer, wie Josephus sich ausdrückt, sammelten die Häuptlinge ein Heer, das unter der Führung von vier Männern, Johannes, Jakob, Simon und Pinehas, gegen Jerusalem zog. Der Führer der Gemässigten, der Hohepriester Ananus, liess sofort die Stadtthore vor diesen gefährlichen Gästen schliessen, was die wilde Stimmung unter den Idumäern natürlich noch mehr steigerte. In der Nacht brach ein furchtbares Gewitter los mit Regen und Sturm, wogegen die im Freien campirenden Idumäer sich nur dadurch schützen konnten, dass sie eng zusammenrückten und sich mit ihren Schildern bedeckten. Den Zeloten dagegen bot dieses Wetter, das die meisten Bewohner Jerusalems in ihre Häuser verjagte, einen grossen Vortheil; sie durchsägten die Tempelthore, schlichen unbewacht durch die Strassen der Stadt und öffneten den Idumäern das Stadtthor. Nun begann unter wildem Geschrei ein furchtbares Gemetzel, das sich in den folgenden Tagen fortsetzte. Die unglaublichsten Greuelscenen kamen vor, bis es schliesslich selbst den Idumäern zu arg wurde; und da sie vollends erfuhren, dass die Beschuldigung gegen die Gemässigten, durch welche sie herbeigelockt waren, erlogen war, fasste sie ein solcher Widerwillen, dass sie Jerusalem verliessen und nach Hause zogen [1]).

Als dann Vespasian im Jahre 68 die südliche Hälfte Palästinas eroberte, theilte Idumäa das Schicksal des übrigen Landes. Das römische Heer drang in das Herz Idumäas hinein, wo die beiden Städte *Betaris* und *Kaphartoba* erobert wurden. Das Land wurde verheert und die Bewohner theils getödtet, theils als Gefangene fortgeschleppt [2]).

Bald fiel das unglückliche Idumäa in die Hände eines neuen Feindes. Der vom Hohenpriester verjagte Simon, Sohn des Gioras, dessen Name mit den letzten Erlebnissen des jüdischen Volkes auf so verhängnissvolle Weise verknüpft ist, sammelte eine Schaar zügelloser Männer, mit welchen er die Landschaften Idumäa und Akrabatene (S. 80) ausplünderte. Als die

---

[1]) Joseph. Bell. 4, 4, 1—6, 1. [2]) Joseph. Bell. 4, 8, 1.

Häuptlinge der Idumäer erfuhren, dass Simon sich mit dem Plane trug, das Land vollständig zu erobern, sammelten sie eilig ihre Truppen in *Aluros* (S. 80), um ihm Widerstand zu leisten. Durch den Verrath eines Idumäers, Jakob, kam aber Idumäa in seinen Besitz ohne Kampf, und nun plünderten er und seine Leute die hart heimgesuchte Landschaft wie Heuschrecken, die nichts übrig lassen. Die reichste Beute fand er in *Hebron*, wo grosse Getreidevorräthe in seine Hände fielen. Bald aber erschien ein von Vespasian ausgeschicktes Heer unter Cerealius, das die Städte *Kaphetra* und *Kapharabis* und danach *Hebron* eroberte, so dass Simon jetzt seine Raubzüge auf das offene Land beschränken musste, bis er endlich nach Jerusalem berufen wurde, wo man ihn als Werkzeug gegen die Schreckensherrschaft der Zeloten benutzen wollte.

Als endlich Jerusalem fiel, und Palästina unter die strenge römische Zucht kam, hörten alle früheren Gegensätze und Verschiedenheiten auf. Die Idumäer verschwinden nun vollständig in der Nacht der orientalischen Welt. Sie, deren Religion wohl durch den für Alle, d. h. für Niemanden Tempel bauenden Herodes typisch ausgedrückt wird, hatten nichts, das ihren Fall überleben könnte, ja hinterliessen nicht einmal wie ihre Nachfolger im Gebirge *Se'ir* eine Ruinenwelt, die ihren Namen bewahren könnte. Nur die ungemein wilde Rohheit der jetzigen Bewohner des Gebirges *Se'ir* und der *Azâzime* glauben die Reisenden als eine Erbschaft der alten Edomiter betrachten zu können.